就业技能培训教材

快递员基本技能

主　　编　王鲁金
副主编　杜华云
参　　编　李纪彬　王鑫　冯岩岩　杨凤杰
主　　审　王风雷

中国劳动社会保障出版社

图书在版编目(CIP)数据

快递员基本技能 / 王鲁金主编. -- 北京：中国劳动社会保障出版社，2024. --（就业技能培训教材）.

ISBN 978-7-5167-6664-4

Ⅰ. F618. 1

中国国家版本馆 CIP 数据核字第 2024YB0029 号

中国劳动社会保障出版社出版发行

（北京市惠新东街 1 号　邮政编码：100029）

*

北京昌联印刷有限公司印刷装订　　新华书店经销

880 毫米×1230 毫米　32 开本　7. 375 印张　173 千字

2024 年 12 月第 1 版　　2024 年 12 月第 1 次印刷

定价：18. 00 元

营销中心电话：400-606-6496

出版社网址：https://www.class.com.cn

前　言

就业技能培训是终身职业技能培训体系的重要组成部分。就业技能培训系列教材是为适应开展就业技能培训的需要，提升就业技能培训的针对性和有效性，促进就业技能培训规范化、高质量发展而组织开发的。本套教材以相应职业（工种）的国家职业标准和岗位要求为依据，力求体现以下特点：

全。教材覆盖各类就业技能培训，涉及职业素质类，农业技能类，生产、运输业技能类，服务业技能类，其他技能类五大类。

精。教材中只讲述必要的知识和技能，强调实用和够用，将最有效的就业技能传授给受培训者。

易。内容通俗易懂，图文并茂，易于学习。

教材编写是一项探索性工作，由于时间紧迫，不足之处在所难免，欢迎各使用单位及读者提出宝贵意见和建议，以便教材修订时补充更正。

内容简介

本书是针对快递员的就业技能培训教材，使学员能够在一定的培训周期内掌握快递员的基本技能，达到上岗要求，胜任相应工作岗位，顺利实现就业。

本书从快递员的岗位认知开始讲解，帮助学员了解快递员的工作内容和素质要求，树立正确的职业道德观。在此基础上，对快件收寄、快件派送、客户服务等内容进行详细介绍。重点阐述了快件收派所使用的设施设备、快件收派流程、快件包装、快件交接、快件派送时对路线的设计，客户的分类和业务推介方法、客户信息收集和客户关系维护等内容。

全书语言通俗易懂，内容紧密贴合工作实际，突出快递业务基本操作技能，便于学员更好地掌握快递员基础知识和基本技能。

目　录

第 1 单元　岗位认知 …… 1

模块 1　职业道德基本知识 …… 1
模块 2　快递服务概述 …… 4
模块 3　地理知识 …… 11
模块 4　安全知识 …… 13
模块 5　快递信息知识 …… 16
模块 6　快递设备知识 …… 22
模块 7　快递相关法律、法规 …… 34

第 2 单元　快件收寄 …… 45

模块 1　收寄前准备 …… 45
模块 2　收寄指导 …… 59
模块 3　收寄验视 …… 88
模块 4　快件包装与计费 …… 103

模块 5　收寄后处理 …………………………………… 157

第 3 单元　快件派送 …………………………………… 163

模块 1　快件派送准备 …………………………………… 163
模块 2　快件派送服务 …………………………………… 185
模块 3　快件派送后处理 …………………………………… 199

第 4 单元　客户服务 …………………………………… 207

模块 1　客户开发 …………………………………… 207
模块 2　客户维护 …………………………………… 220

培训建议 …………………………………… 228

第1单元 岗位认知

模块1　职业道德基本知识

一、职业道德

职业道德是指人们在进行职业活动的过程中，一切符合职业要求的心理意识、行为准则和规范的总和。良好的职业修养和职业道德是每一位员工都必须具备的基本品质。

二、快递员职业守则

1. 快递员职业守则的具体要求

快递员必须对自己的职业有非常深刻的认识，自觉遵守职业道德规范。

（1）遵纪守法，诚实守信

“遵纪守法”要求快递员严格遵守国家的各项法律、法规和企业内部的规章制度。例如，国家举行重大活动等特殊时期，快递员上门揽收客户快件时，必须严格执行邮政管理、公安、国家安全等部门关于特殊时期的临时管理措施，并耐心向客户解释，取得他们的理解和配合，不能怕麻烦或为了讨好客户而敷衍了事。

“诚实守信”要求快递员重信誉、守信用。面对客户时，一定要诚实守信，介绍产品要实事求是，不能为了招揽客户而不顾事实地提供虚假信息。一旦按照规定做出了承诺，就应认真履行。

（2）爱岗敬业，勤奋务实

“爱岗敬业，勤奋务实”要求快递员热爱快递事业，树立责任心和事业心，踏踏实实地勤奋工作。快递员在实际工作中爱岗敬业的表现有很多，例如，寄送快件途中突遇暴雨时，许多快递员宁肯自己淋雨也会毫不犹豫地先将快件层层包好，以确保快件完好无损。

另外，随着信息、通信等高科技的快速发展，现代快递行业的科技含量越来越高，快递从业人员需要学习和掌握的科技文化知识也越来越多。因此，每一位快递员都必须努力学习与快递相关的知识，钻研快递业务，为用户提供多元化的高效服务，从而促进快递行业发展。

（3）团结协作，准确快速

“团结协作”是由快递业务工作的特性决定的。快递业务具有一整套的业务流程，由各个环节以及不同地区的员工分工合作完成。例如，一封从北京寄往上海的快件，需要由北京地区的快递员上门收寄，经邮件中心分拣、转运，然后由上海地区的快递员进行接收、分拣、投送才能完成。因此，快递员在工作中重视团结、协调与合作，就显得尤为重要。

“准确快速”是因为快递服务的根本就在一个“快”字。快递员在工作过程中要树立高度的责任意识，承诺客户什么时间送达，就要保证按时送达。同时，各个快递环节都应保证准确、无误。

（4）保守秘密，确保安全

“保守秘密”是由快递服务的特殊属性决定的。快递员所负责寄递的快件，很有可能会涉及客户的个人隐私、商业秘密，甚至是国家机密，这就要求快递员无论是对客户所寄递的快件信息还是对客户的个人信息都要保守秘密，绝对不允许对外界透露，否则将侵害客户的权益，严重的还会受到法律的制裁。

“确保安全”要求快递员在工作过程中必须保证快件的安全，将快件完好无损地送到客户手中。另外，要注意保护设备工具（如运送快件的车辆），也要注意保护自己的人身安全。

（5）衣着整洁，文明礼貌

“衣着整洁，文明礼貌”是对服务行业从业者的基本要求。作为快递员，尤其是需要直接面对客户收寄和派送的外勤人员，其外表和精神面貌直接代表了企业的形象和素质。因此，快递员在工作时间要统一着装，并注意保持工装整洁。在向客户提供服务时，要主动、热情、耐心，做到眼勤、口勤、手勤、腿勤，对老、幼、弱、孕客户，应给予更为周到、细致的服务和帮助。

（6）热情服务，奉献社会

“热情服务，奉献社会”是职业道德规范的最高要求。为客户提供优质、高效的服务，是每一位快递员的神圣职责。快递员要有高度的责任心和使命感，本着全心全意为客户服务的精神，以饱满的热情投入快递工作中，以积极进取的心态奉献社会。

2. 快递员职业守则的特点

（1）体现了职业道德的普遍性

快递员职业守则中的“遵纪守法，诚实守信”“爱岗敬业，勤奋务实”等内容，体现了职业道德规范的普遍性要求。

（2）体现了快递服务职业道德的特殊性

每个行业的职业道德规范除了体现一般意义上的职业道德规范外，还必须能够体现与该行业相适应的特殊职业道德规范。这在快递员职业守则中有很好的体现。例如，快递员职业守则中的“团结协作，准确快速”“保守秘密，确保安全”“衣着整洁，文明礼貌”等内容，既体现了一般服务业所需要具备的职业态度和精神面貌，又体现了快递服务业所需要具备的特殊职业操守。

模块 2　快递服务概述

一、快递服务的定义与特点

作为蓬勃发展的新兴产业，现代快递服务是市场经济发展的产物，它以满足个性化需求为宗旨，依赖社会资本实现网络的地域覆盖，提供快捷、门到门、个性化的附加服务。快递服务和传统邮政业，本质都是信息流、实物流和资金流的合一，通过递送网络提供信件和物品的递送服务。它们的递送对象都是信件和物品，含有信息传递和实物递送的成分。

1. 快递服务的定义

快递服务是按照约定的时限、方式，将信件、包裹、印刷品等物品按照封装上的名址快速递送给特定个人或者单位的活动。

快递服务属于邮政业，但又不同于邮政普遍服务。两者在经营范围、服务对象、服务标准、传递渠道、定价机制、企业运行规则、行业监管体制、享受国家政策等方面均有明显的不同。邮政普遍服务属于政府指导下的低价普惠的非竞争性产品，快递服务属于市场主导的商业化、个性化的竞争性产品。

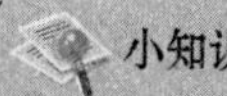

邮政业是指中国邮政集团公司及其所属邮政行业提供邮件寄递、邮政汇兑、机要通信和邮政代理等邮政基本服务的业务活动。

2. 快递服务的特点

根据快递服务的定义，快递服务具有以下特点。

（1）快递服务的本质反映在一个“快”字上，快速是快递服务的灵魂。

（2）快递服务是“门到门”“桌到桌”的便捷服务。

（3）快递服务需要具有完善、高效的服务网络和合理的覆盖网点。

（4）快递服务能够提供业务全程监控和实时查询。

（5）快递服务要求快件必须单独封装，具有名址、重量和尺寸限制，并实行差别定价和付费结算。

二、快递服务的起源与发展历程

1. 快递服务的起源

快递服务的起源可以追溯到古代，当时主要是为了满足文书传递的需求。在我国，邮政快递的起源很早，在甲骨文中，就已经有了驿传系统相关的记叙。周朝时期，通达全国的交通网络初步形成，为快递服务提供了良好的条件。秦汉时期，道路称为“驰道”，非常宽阔，当时的驿传系统逐步发展，形成了“传、邮、驿”体系，其中的“传”是指用车送达，“邮”是指步行送达，“驿”是指用马送达，特快的传送则称为“驰传”。

至现代，快递行业的发展与社会生产力的发展密切相关。随着铁路网的完善，铁路快递进入标准化运营时代，快递企业逐步向国际快递拓展，共建多网络运输布局。

我国的现代快递业在改革开放之后逐渐兴起，市场需求的增加和国际贸易的发展推动了快递服务的成长。1980 年，中国邮政开通国际特快专递业务，1984 年，中国邮政开通国内特快专递业务，1985 年，中国邮政成立中国速递服务公司。2006 年以后，电子商务的兴起极大地推动了快递业的发展，快递业务量呈指数增长，规模总量跃居世界首位。

2. 快递服务的发展历程

我国快递服务的发展，经历了三个发展阶段。

（1）起步阶段——20 世纪 70 年代末至 90 年代初

我国的快递服务是从国际快递业务开始起步的，源自外向型经济的拉动。这一阶段，我国的快递服务从无到有，并取得了一定的发展。外资快递企业逐步进入我国市场。

（2）成长阶段——20 世纪 90 年代初至 21 世纪初

这一阶段的特点是民营快递企业开始发展，快递经营主体多元化格局逐步形成。

（3）快速发展阶段——21 世纪初至今

进入 21 世纪，尤其是加入世界贸易组织后，我国以更快的速度和更大的规模融入世界经济体系中。

三、快递服务的流程与要求

1. 快递服务的流程

（1）收件流程

1）收件验视：快递员在收件时需要对快件进行检查，确保没有违禁品和危险品。

2）核实寄件人身份：为了确保快件的安全，快递员需要核实寄件人的身份信息。

3）称重收费：根据快件的重量和目的地，快递员需要向寄件人收取相应的费用。

4）填写运单：快递员需要认真填写运单，确保信息准确、无误。

（2）运输流程

1）分拣处理：快递员需要对收到的快件进行分拣，按照目的地和配送路线进行分类。

2）装车配送：将完成分拣的快件装车，按照配送顺序进行配送。

3）实时跟踪：通过物流信息系统，实时跟踪快件的运输状态，确保快件安全、准时到达。

4）中途停留：在运输过程中，如果需要停留中转站，要对快件进行检查和重新分拣。

（3）派件流程

1）派件准备：快递员需要提前准备派件所需的工具，如配送单、扫描设备等。

2）联系收件人：通过电话、短信或邮件等方式联系收件人，告知其快件即将送达。

3）问题处理：如果派件遇到问题，如收件人无法联系或拒绝签收等情况，需要及时上报并寻求解决方案。

4）派件签收：在收件人签收快件时，快递员需要进行身份核实和信息登记。

（4）售后服务

1）投诉处理：对于收件人和寄件人的投诉，快递公司需要积极处理并给予回复。

2）退换货服务：提供退换货服务，满足客户的需求。

3）赔偿处理：对于因快递公司过失造成的损失，需要进行相应的赔偿处理。

4）定期回访：通过定期回访客户，了解服务质量和客户满意度，以便不断改进服务流程和提高服务质量。

2. 快递服务的要求

（1）快递服务的质量标准

1）物品完好率：确保快件递送过程中物品不被损坏，保持其原始状态。

2）配送准确性：确保快件准确无误地送达目的地，减少错投、误投现象。

3）信息及时性：提供实时的物流信息，方便客户随时了解快递状态。

（2）快递服务的时效性

1）快速响应：在客户下单后，快递公司应迅速响应，及时处理订单。

2）快速配送：通过优化配送路线、提高配送效率等方式，缩短配送时间。

3）特殊时限服务：提供如次日达、隔日达、定时达等服务，以满足客户对时间的特殊要求。

（3）快递服务的满意度

1）客户满意度调查：定期进行客户满意度调查，了解客户对快递服务的评价。

2）投诉处理：建立完善的投诉处理机制，对客户的投诉及时响应并处理。

3）员工培训：加强员工培训，提高员工的服务意识和专业水平，提升客户体验。

四、快递网络与功能

1. 快递服务网络的定义

快递流程如图 1-1 所示。快递服务主要包括快件收寄、快件处理、快件运输和快件派送四大环节，每个环节都存在大量的组织作业运转工作，而且各个环节之间也需要密切配合、有效组织，从而保证快件动态传递过程的科学、高效。

快递服务是通过网络实现的，快递服务网络可以分为快件传递网络和信息传输网络。

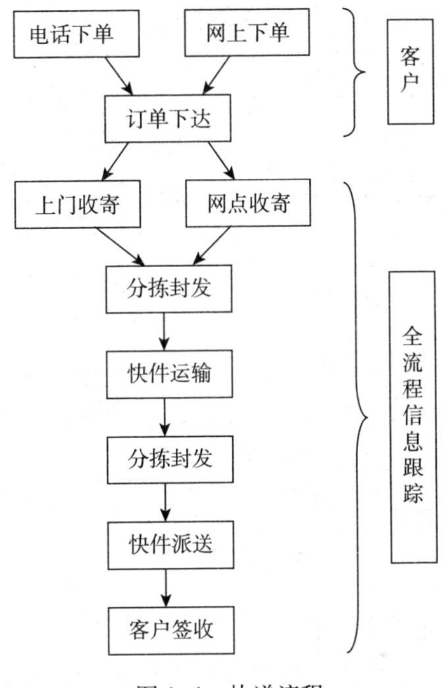

图 1-1　快递流程

2. 快件传递网络

快件传递网络（见图 1-2）是在调度运营中心的指挥下，由快递呼叫中心、收派处理点（或营业网点）、处理中心和运输线路等按照一定的原则、方式和运行规则进行快件传递的网络系统。快件传递网络是由各个紧密衔接的环节组成的统一整体，只有充分发挥整体功能，才能顺利完成快件传递任务。

3. 信息传输网络

在快件传递的过程中，始终伴随着快递相关信息的传输，包括单个快件的信息、快件总包的信息、总包路由的信息，以及快件传递过程中每个节点产生的信息等。传输这些信息的网络称为信息传输网络。

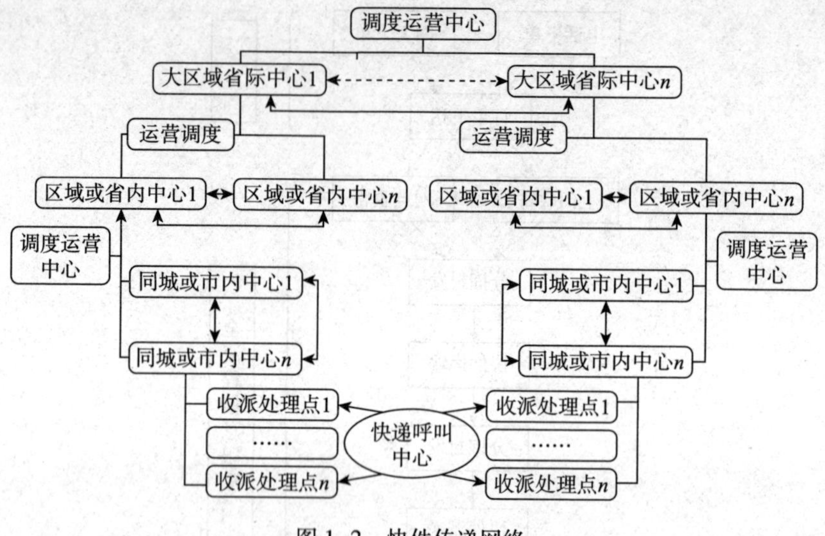

图 1-2　快件传递网络

（1）信息传输网络作用

第一，实现了对快件、总包等信息的实时传递；第二，实现了企业快递信息资源最大程度的综合利用与共享；第三，便于企业运营管理，提高工作效率，规范操作程序，减少人为差错；第四，便于企业为客户提供更优质的服务，包括为客户提供快件查询等；第五，有利于增强企业竞争能力，促进企业可持续发展。

（2）信息传输网络组成

信息传输网络由物理系统和软件系统两大部分组成。物理系统主要包括信息采集和处理设备，信息传输线路，信息交换、控制与存储设备。软件系统主要包括操作系统、数据库管理系统和网络管理系统。

复杂的信息必须通过不同层次和级别的网络及硬件设备连接和管理。因此，快递企业都会量身定制适合自身的信息系统网络，以辅助快件传递网的正常运行。信息传输网络的建设是一项庞大且复杂的系统工程，耗资巨大。因此，快递企业应根据自身业务的发展情况，实施分阶段建设的策略，并逐步予以完善。在进行硬件建设的同时，应特别注意软件系统的基础建设和技术更新。

模块 3　地理知识

一、中国地理概况

1. 行政区域划分

行政区域划分是为了分级管理而实行的国土和政治、行政权力的划分。具体地说，就是国家根据政治和行政管理的需要，根据有关法律规定，充分考虑经济联系、地理条件、地区差异、民族分布、风俗习惯等客观因素，将全国的地域划分为若干层次大小不同的行政区域，设置相应的地方国家机关，实施行政管理。行政区域划分以国家或次级地方在特定区域内建立一定形式、具有层次唯一性的政权机关为标志。

《中华人民共和国宪法》规定，我国的行政区域划分如下。

（1）全国分为省、自治区、直辖市。

（2）省、自治区分为自治州、县、自治县、市。

（3）县、自治县分为乡、民族乡、镇。直辖市和较大的市分为区、县。自治州分为县、自治县、市。自治区、自治州、自治县都是民族自治地方。

2. 地理区域划分

根据自然地理特征，可划分为东北、华北、华东、华中、华南、西南和西北七个地理区域。

（1）东北地区（黑龙江省、吉林省、辽宁省）。

（2）华北地区（北京市、天津市、河北省、山西省、内蒙古自治区）。

（3）华东地区（上海市、江苏省、浙江省、安徽省、福建省、江西省、山东省、台湾省）。

（4）华中地区（河南省、湖北省、湖南省）。

（5）华南地区（广东省、广西壮族自治区、海南省、香港特别行政区、澳门特别行政区）。

（6）西南地区（重庆市、四川省、云南省、贵州省、西藏自治区）。

（7）西北地区（陕西省、甘肃省、宁夏回族自治区、青海省、新疆维吾尔自治区）。

二、世界地理概况

1. 地球概貌

地球表面大部分是海洋，陆地只占一小部分。地球表面总面积约5.1亿平方千米，其中陆地面积约1.49亿平方千米，占地球表面总面积的29.2%，海洋面积约3.61亿平方千米，占地球表面总面积的70.8%。地球表面的陆地被海洋分隔成大小不等的许多块，通常将海洋所包围的大面积陆地称为大陆，小块陆地称为岛屿。大陆及其附近的岛屿合称为洲。

2. 世界区域划分

（1）亚洲是世界第一大洲，位于东半球的东北部，包含国家有中国、日本、韩国、印度、以色列、伊朗、哈萨克斯坦等。

（2）非洲作为世界第二大洲，位于亚洲的西南，包含国家有埃及、肯尼亚、南非、尼日利亚等。

（3）欧洲位于亚洲西面，包含国家有俄罗斯、英国、法国、意大利、荷兰、德国、芬兰、西班牙、瑞典等。

（4）北美洲位于西半球北部，是世界第三大洲，包含国家有加拿大、美国、墨西哥、巴拿马等。

（5）南美洲位于西半球南部，包含国家有巴西、阿根廷、智利、乌拉圭等。

（6）大洋洲介于亚洲和南极洲之间，包含国家有澳大利亚、新西兰等。

（7）南极洲位于地球南端，四周被南冰洋所包围，是世界上平均海拔最高的洲。

模块 4　安全知识

一、快件安全

1. 快件安全的含义

快件安全是指在快递服务过程中，确保快件在运输、处理和配送过程中的安全性和完整性。

保障快件安全是快递服务中一项非常重要的内容，快件的安全将直接影响快递企业的服务质量和企业形象。

2. 快件安全保障措施

快递企业应采取措施，确保快件安全。

（1）防止损毁，即防止快件受潮、污染、虫咬、鼠咬、火烧等造成损毁。

（2）防止被盗，即防止快件整件或部分内件在收派、处理过程中被盗。既要防止社会人员盗窃快件，也要加强内部快件的安全管理。

（3）防止泄密，即保守快件信息秘密，确保快件的安全。

（4）防止丢失，即防止快件收派过程中因夹带快件、外包装破损等造成的快件丢失。

小知识

快件分类

1. 按照内件性质不同分类：快件主要分为信件类快件和物品类快件。

2. 按照寄达范围不同分类：快件主要分为国内快件、国际快件、港澳台快件。

3. 按照快递服务时限分类：快件主要分为标准服务时限快件、承诺服务时限快件。

4. 按照赔偿责任分类：快件主要分为保价快件、保险快件和普通快件。

5. 按照付费方式分类：快件主要分为寄件人付费快件、收件人付费快件和第三方付费快件。

6. 按照结算方式分类：快件主要分为现结快件和记账快件。

3. 快件安全保障注意事项

（1）利用非机动车收派

1）快件不交由他人捎带，不乱扔乱放，不让他人翻阅。

2）进入单位或居民区内，车辆及快件应尽量放在视线可及或有人看管的相对安全的地方，做到快件不离身。

3）收派快件时，不出入与工作无关的场所。

4）雨雪天气准备防水、防冻物品，防止快件被淋湿。

5）派送时，将快件捆扎牢固，使快件不裸露在外。路上随时注意快件情况，避免快件掉落。

（2）利用机动车收派

1）派送快件用的机动车后厢玻璃窗应安装防护网，摩托车装快件的容器应加装锁具。

2）收派快件时，要将机动车放在适当的位置（视线可及或有人看管的较为安全的地方）。下车时必须将车钥匙取下并锁好车辆，以确保快件和车辆的安全。

快递员需要加强安全防范意识，确保人身安全和快件安全。如发生快件、车辆被盗抢的情况，应立即报警，并及时向主管人员汇报，妥善处理相关善后工作。

二、快件信息安全

1. 快件信息安全的含义

快件的信息安全是指通过制定规章制度和技术措施，以防在未经许可的情况下，修改、盗窃客户快件的信息或对快件进行物理破坏。保证客户快件中的个人和商业信息安全，是快递员必须履行的职责和义务。

2. 保障快件信息安全的基本要求

随着信息化建设的不断深入，国民经济和社会发展对信息化的依存度越来越高，信息安全已成为国家安全、城市安全、公共安全的关键环节。快件中的某些重要信息，一旦发生信息安全问题，有可能影响社会稳定和经济发展，其后果将是灾难性的。快递企业能否保证快件中的信息安全将直接影响快件能否安全、及时地送达客户，关系快递企业的服务质量和信誉。保障快件信息安全的具体要求包括以下七个方面。

（1）快件在处理过程中，除指定的工作人员外，不准任何人查阅信息。

（2）快递员不得私自抄录或向他人泄露收、寄件人的名址、电话等信息。

（3）处理快件的工作场所，除有关工作人员外，其他人员不得擅自进入。

（4）严禁将快件私自带至与工作无关的任何场所。

（5）严禁隐匿、毁弃或非法开拆快件，发现此类现象应立即制止，并及时向主管部门报告。

（6）申请改寄、撤回或更改名址，必须严格审阅有关证件，在未确认寄件人和办妥手续前不得将快件交申请人查看。

（7）发现包装破损并有可能暴露内件信息时，应立即报告主管人员。

模块5　快递信息知识

一、计算机基础知识

1. 计算机硬件系统

计算机硬件系统是指实际的物理设备，包括计算机主机和外设的物理实体等。

（1）中央处理器（central processing unit，CPU）

中央处理器由控制器和运算器组成，是计算机的核心部分，相当于计算机的"大脑"。控制器是计算机的控制、协调中心，主要是按照要求控制、管理计算机系统各个部件的协调工作；运算器的主要功能是完成各种算术运算、逻辑运算以及移位、传送、比较等工作。

（2）存储器

存储器主要用于存放程序和数据，分为主存储器（内存储器，简称内存）和辅助存储器（外存储设备，简称外存）。

1）内存主要用于存储当前正在使用的程序、数据及运算结果，分为随机存储器（random access memory，RAM）和只读存储器（read-only memory，ROM）。RAM可以写入也可以读出，但关机后数据将会丢失；ROM只能读出，关机后数据不会丢失。

2）外存用来长期存储大量暂时不用的数据、程序及运算结果，包括软盘、硬盘、光盘、磁带、优盘等。

（3）输入设备

输入设备是用户将数据、指令和程序输入计算机内存所使用的设备，常用的有键盘、鼠标、扫描仪、触摸屏、条码扫描器、语音识别系统等。

（4）输出设备

输出设备是将计算机的处理结果转换成外界能够识别和使用的数字、文字、图形、声音等形式的设备，常用的有显示器、打印机、绘图仪、显示屏、智能手环等。

通常将 CPU 和内存合称为“主机”，将输入设备、输出设备以及外存合称为外部设备。外存既可以作为输入设备，也可以作为输出设备。

2. 计算机软件

软件是计算机系统中各类程序、文件以及数据的总称。程序是计算机完成特定工作的最重要因素。

根据使用途径，可以将计算机软件分为系统软件和应用软件。

（1）系统软件

系统软件是指管理、监控和维护计算机资源的软件，如操作系统、汇编和编译程序等语言处理程序、系统实用程序等。

（2）应用软件

应用软件是为解决实际问题或达到一定的应用目的而编制的程序，如办公软件、杀毒软件、媒体播放软件、图片处理软件以及一些行业专业软件等。

3. 计算机病毒

随着计算机的普及以及网络的发展，计算机使用安全变得尤为重要。计算机病毒简单而言就是一种程序，它可以使个人计算机完全失去工作能力，甚至会使数据全部丢失。

（1）计算机病毒的定义

计算机病毒是病毒编制者在计算机程序中插入的破坏计算机功能或相关数据，影响计算机使用并且能够自我复制的一组计算机指令或程序代码。

（2）计算机病毒的分类

计算机病毒的分类方法有很多。按病毒存在的媒体可以分为网络病毒、文件病毒和引导病毒；按病毒的传染方式可以分为驻留型病毒和非驻留型病毒；按病毒的破坏能力可以分为无害型病毒、无危险型病毒、危险型病毒和非常危险型病毒；按病毒的算法可以分为伴随型病毒、蠕虫病毒和寄生型病毒。

（3）计算机病毒的防范

1）不要随意使用来源不明的优盘、光盘和程序，若使用则必须先杀毒。

2）要定期对重要的程序或数据进行备份，如果有需要，可以将优盘中的重要文件设置为“只读属性”。

3）使用杀毒软件实时监控计算机功能，定期对计算机系统进行病毒查杀，定期对杀毒软件进行升级。目前常用的杀毒软件有瑞星杀毒软件、360杀毒软件、火绒杀毒软件、腾讯电脑管家、金山毒霸等。

二、信息系统基础知识

1. 信息系统与快递信息系统

信息系统是由计算机硬件、计算机软件、网络和通信设备、信息资源、信息用户和规章制度组成的，以处理信息流为目的的人机一体化系统。

快递信息系统的主要功能是进行快递信息的收集、存储、传输、加工整理、维护和输出，为快递管理者及其他组织管理人员提供战略及运作决策的支持，提高快递运作的效率与效益。

2. 快递信息系统的作用

（1）快递信息系统是提高快递服务质量的保证

为了保证向客户提供高质量的快递服务，必须建立一个高速畅通、动态互联的标准化信息系统。如果信息流通不畅，就不可能对客户的服务需求形成全面、及时的了解，无法对快递过程进行合理、有效的控制，也就很难满足客户的要求。

（2）快递信息系统是提高快递企业服务效率的必要条件

提高快递企业服务效率必须对企业信息实行系统化管理，对快递服务的相关数据进行电子化储存与管理，对各个快递环节产生的快递信息进行实时采集、分析、传递，并向客户提供各种作业明细及咨询信息，这对快递企业是相当重要的。

（3）快递信息系统是节约快递成本的重要手段

国内外许多现代快递中心都建立了先进的信息系统，通过对快件信息的标准化操作，建立 ID 代码、条码或磁性标签等的参考体系，实现了对快件派送的自动化控制，节约了大量人力成本，提高了服务效率。网络化能够使快递中心通过信息系统与客户保持实时联系，从而极大地增强了快递中心服务的灵活性。

3. 快递信息系统的基本功能

（1）信息的收集和录入

快递信息系统首先要做的就是用某种方式记录下快递系统内外的有关信息，集中起来并转化为快递信息系统能够接收的形式。目前信息收集有多种方法，如通过互联网、数据库和光盘等。

（2）信息的存储

数据进入快递信息系统之后，经过整理和加工，组成支持快递系统实际运行的相关信息，这些信息需要暂时存储或永久保存以供使用，这就需要确定数据的存储介质（硬盘、软盘等），存储方式（数据文件方式、数据库方式），存储时间，存储内容，存储地方等。

在实际工作中应特别注意数据存储的安全性和可靠性。

（3）信息的传输

信息传输是指采用一定的方法和手段，将信息从一处传输到另一处，从而实现信息共享和交换的目的。快递信息来自快递系统内外，又为不同的快递职能所用，因而克服空间障碍是快递信息系统的基本功能之一。

（4）信息的处理

信息处理是根据信息需求者的工作特点和需要，利用经济学、管理科学、运筹学、统计学等不同学科中的相关模型与方法，对输入的数据进行简单的查询、排序，或复杂的模型求解和预测，最终加工处理成快递信息。

（5）信息的输出

建立快递信息系统的目的是为各级快递人员提供相关信息。为了便于理解，系统的输出形式应易读易懂、直观醒目，这是评价快递信息系统的主要标准之一。

三、移动互联网知识

1. 移动互联网的概念

移动互联网是指通过移动设备（如智能手机、平板电脑、笔记本电脑等）访问互联网的服务和应用。移动互联网的发展促进了各种应用和服务的创新，如移动支付、在线教育、移动医疗、电子商务等，极大地改变了人们的生活方式和社会经济结构。随着 5G 等新一代通信技术的发展，移动互联网的速度和体验将进一步提升，为用户带来更丰富的应用场景和更好的服务体验。

2. 移动互联网的特点

（1）终端移动性

移动互联网使用户可以在移动状态下接入和使用互联网服务。

移动终端便于用户随身携带，随时使用，可以随时、随地、随心地享受互联网带来的便捷，以及更丰富的业务、各类个性化服务、更高的服务质量。

（2）业务与终端、网络的强关联性

由于移动互联网受网络及终端能力的限制，因而其业务内容和形式也需要适应特定的网络技术规格和终端类型。

（3）业务使用的私密性

在使用移动互联网业务时，所使用的内容和服务更私密，如手机支付业务等。

（4）终端和网络的局限性

移动互联网在提供便捷的同时，也受到了来自网络能力和终端能力的限制。在网络能力方面，受到无线网络传输环境、技术能力等因素的限制；在终端能力方面，受到终端大小、处理能力、电池容量等因素的限制。

3. 移动互联网在快递服务中的应用

随着移动互联网的迅速发展，很多快递企业开始广泛利用移动互联网开展快递业务。

（1）通过手机 App 进行业务推广

很多快递企业开发了适合自身特点的手机 App 移动业务。快递客户可以通过手机 App 进行自助下单、查件、订单管理、服务点查询、运费查询等便捷操作，部分快递企业还新增了短信实时推送、导航定位、打通线下自取渠道等便民服务。

（2）通过小程序进行业务推广

用户可以直接在微信等社交平台上搜索并使用快递小程序，无须下载应用程序。小程序可以实时更新物流信息，官方可以通过服务通知向用户推送快件状态，提升用户体验。

（3）通过微信公众号进行业务推广

很多快递公司推出了自己的微信公众号，客户可以通过微信公众号进行查单、下单、网上支付等业务，实现了“自助下单—自助支付—自助查询 —自助订单管理”的闭环服务。很多快递企业利用微信公众号进行业务推送、新客户开发、网上结算，使客户办理快递业务时更方便、快捷。

（4）提高快递流程的效率

快递客户通过移动终端下单或经快递业务人员收取快件后，客户的运单信息会被快速传送到公司系统中。公司通过系统云计算，充分调动并整合利用各种资源，可以快速确定快件的路由，节省各个环节的成本和时间。

模块 6　快递设备知识

一、快递设施与设备概述

1. 快递设施与设备的概念

快递设施与设备是指用于快递运输、仓储、装卸搬运、输送与分拣、包装、安全检查、信息采集与处理等快递活动，并在使用中基本保持原有实物形态的设施或设备，它不包括建筑物、装卸台等快递基础设施。

快递设施与设备贯穿于整个快递过程，每个快递功能的实现和提升都与设施的布局、设备的选配相关联。正确认识快递设施与设备，合理选择和配置快递设施与设备，正确使用和科学管理快递设施与设备，是对每一个快递从业人员的基本要求。

2. 快递设施与设备的地位和作用

（1）快递设施与设备是快递系统的物质技术基础

快件在从寄件人传递到收件人的过程中必须有不同的快递设施与设备提供支持，只有这样，才能完成整个快递流程。因此，快递设施与设备是实现快递功能的技术保证，是实现快递科学化、自动化、智能化的重要手段。快递系统的正常运转离不开快递设施与设备，正确、合理地配置和运用快递设施与设备是提高快递效率的根本途径，也是降低快递成本、提高经济效益的关键。

（2）快递设施与设备是快递系统中的重要资产

在快递系统中，快递设施与设备的投资比较大。随着现代快递技术水平的日益提高，配置和维护这些设施与设备需要大量的资金和丰富的专业知识。现代化快递设施与设备的正确使用和维护，对快递系统正常运行是至关重要的，一旦设备出现故障，整个快递系统将处于瘫痪状态。

（3）快递设施与设备涉及快递活动的每一个环节

在整个快递操作过程中，从快递功能看，快件要经过包装、运输、装卸、储存等作业环节，并且还有许多辅助作业环节，而各个环节的实现都离不开相应的设施与设备。因此，这些设施与设备的性能好坏和配置是否合理将直接影响各环节的作业效率。

（4）快递设施与设备是快递技术水平的主要标志

一个高效的快递系统离不开先进的快递技术和先进的快递管理。先进的快递技术是通过快递设施与设备体现的，而先进的快递管理也必须依靠现代高科技手段实现。例如，在现代快递分拣系统中，综合运用自动控制技术、计算机技术、现代通信技术（包括计算机网络和无线射频技术）等高科技手段，使快递分拣实现了半自动化、自动化。在快递管理过程中，从信息的自动采集、处理到信息的发布完全实现了智能化，依靠功能完善的高水平监控管理可以实现对快递各个环节的自动监控与管理。因此，快递设施与设备的现代化水平是快递技术水平高低的主要标志。

3. 快递设施与设备的分类

在快递企业的实际运作中，采用的快递设施与设备的型号及种类较多。按照快递作业环节的不同，可以分为收派设施与设备、运输设施与设备和处理设施与设备；按照分工的不同，可以分为信息采集与处理设备、包装设备、运输设备、仓储设备、装卸搬运设备、输送与分拣设备和安全检查设备等。

二、收派设施与设备

1. 快递信息采集与处理设备

快递信息技术是指运用于快递各环节中的信息技术。根据快递的功能和特点，目前应用在快递行业的信息技术包括：计算机技术、通信网络技术、信息分类编码技术、条码技术、射频识别技术、电子数据交换技术、地理信息技术等。

快递信息技术是快递现代化的重要标志，也是快递技术中发展最快的领域，从采集数据的条码系统，到办公自动化系统中的微机、互联网，再到各种终端设备等硬件以及计算机软件等，都在日新月异地发展。同时，随着快递信息技术的不断发展，产生了一系列新的快递理念和快递经营方式，推动了快递行业的变革。成功的快递企业都非常注重信息技术的应用和推广，以求支持企业的经营战略，进而能在激烈的竞争中脱颖而出。

(1) 条码印刷与识读设备

条形码简称条码，是由宽度不同、反射率不同的条和空，按照一定的编码规则编制而成的，用以表达一组数字或字母符号信息的图形标识符。这些条和空可以有各种不同的组合方法，从而构成不同的图形符号，适用于不同的场合。条码技术的使用，使快件在收寄、运输、分拣、派送等各个环节都可以通过条码进行管理，解决了快递信息录入和采集的瓶颈问题，为快递企业的发展提供了有力的技术支持。

条码根据其信息密度和所承载信息量的不同分为一维条码（见图 1–3）和二维条码（见图 1–4）。

图 1–3　一维条码

图 1–4　二维条码

随着快递业务各环节中信息技术的不断更新，相应的快递信息采集与处理设备也在不断更新与应用，如条码印刷设备（见图 1–5）、条码识读设备（见图 1–6）、射频识别设备等，有力地保障快递业务顺利、有序进行。

图 1–5　条码印刷设备

图 1–6　条码识读设备

（2）快件智能设备

1）电子秤。电子秤（见图 1–7）属于衡器的一种，是利用胡克定律或力的杠杆平衡原理测定物体重量的工具。电子秤主要由称重系统（如秤盘、秤体）、传力转换系统（如杠杆传力系统、传感器）和示值系统（如刻度盘、电子显示仪表）三部分组成。电子秤准确度高，但体积较大，不便携带，快递员可以将其放置在汽车上。不使用汽车收寄快件的快递员可以使用带卷尺的手提电子秤（见图1-8），手提电子秤具有称重精确度高、简单实用、携带方便、测量准确、分辨率高、不易损坏和价格便宜等优点。

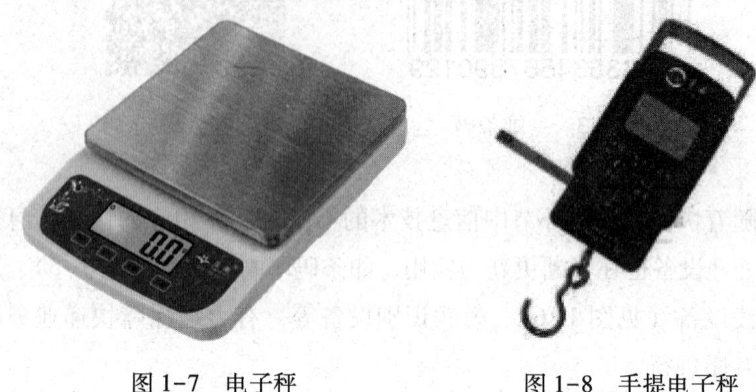

图1-7　电子秤　　　　图1-8　手提电子秤

2）便携式打印机。便携式打印机（见图1-9）即微型打印机，体积小巧、易于携带。随着科技的发展，电子运单已经逐步替代手写运单。对于大客户，可以直接配备打印运单的打印机。对于零散客户，快递公司可以给快递员配备便携式打印机，用于打印运单和发票。

3）智能快件箱。智能快件箱（见图1-10）是随着快递业的不断发展而出现的新型设备，又称智能快递柜，是设立在公共场合，可供自助投递和提取快件的设备。智能快件箱在院校和社区应用较多，方便客户自助取件，具有智能化程度高、便利、运营成本低、安全性高的优点。智能快件箱一般分为大、中、小三种型号，可以

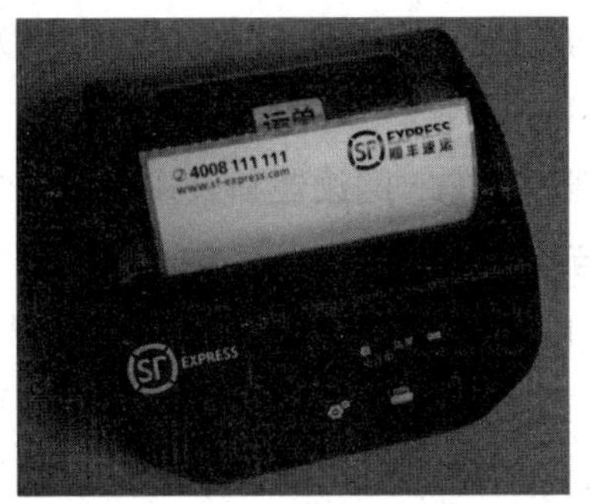

图 1-9　便携式打印机

图 1-10　智能快件箱

存放信件类和小中型物品类快件，较大的物品类快件一般不能放进去。

（3）射频识别设备

射频识别技术（radio frequency identification，RFID）与条码技术一样，都属于非接触式自动识别技术。射频识别技术是利用无线电波对记录媒体进行读写，可识别距离比光学系统远。射频识别卡具有可读写功能，可携带大量数据，难以伪造，具有智能化特征。

RFID 系统一般由标签、阅读器和天线三部分组成。

2. 包装设备与材料

快件包装不仅能保护快件安全，防止快件破损，还便于运输、装卸。包装设备是指完成全部或部分包装过程所用的机器设备，是快件包装实现机械化、自动化的根本保证。常见的包装设备有打包机、发泡机等，如图 1-11 所示。常见的快件包装材料一般有纸质、塑料和木质三种材质，包装形式根据快件的形态不同可分为袋、盒、箱、筒等。常见包装材料如图 1-12 所示。

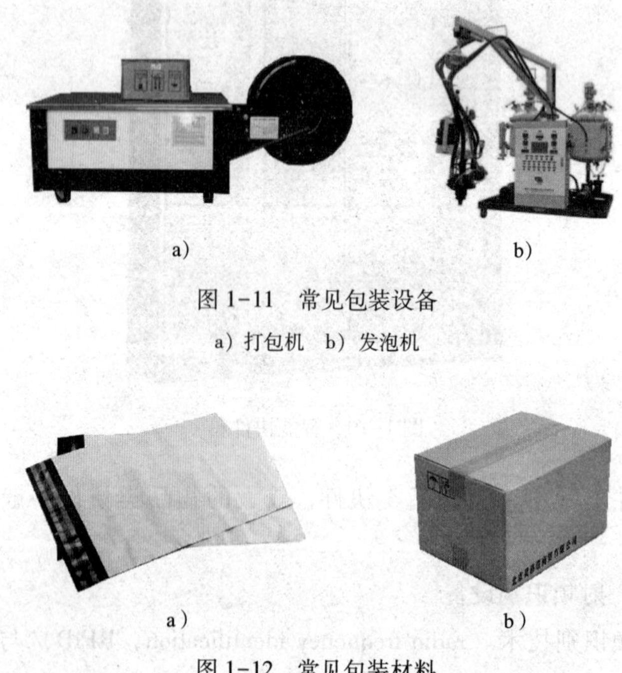

a）　　b）

图 1-11　常见包装设备

a）打包机　b）发泡机

a）　　b）

图 1-12　常见包装材料

a）包装袋　b）包装箱

三、运输设施与设备

快递运输设施与设备主要包括航空飞机、高速铁路、厢式汽车、面包车以及三轮车等。在快件运输中，中、远距离运输一般采用航空运输和高铁运输；分拨中心之间的快递运输采用厢式汽车较多；分拨中心和网点之间的快递运输采用厢式汽车、面包车和三轮车较多；网点与分部之间的运输及派件，多采用面包车和三轮车；部分企业开始尝试无人驾驶汽车运输以及无人机派件。常见运输设施与设备如图 1-13 所示。

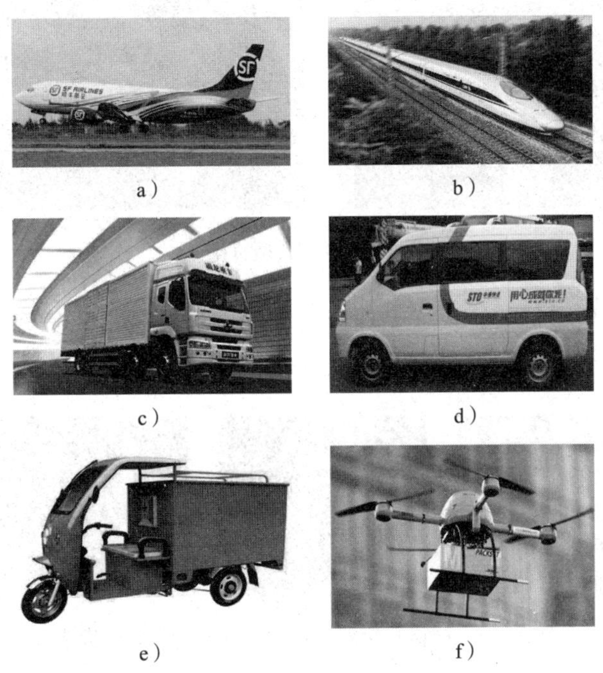

图 1-13　常见运输设施与设备

a）航空飞机　b）高速铁路　c）厢式汽车

d）面包车　e）三轮车　f）无人机

四、处理设施与设备

1. 仓储与装卸搬运设备

（1）货架

货架泛指存放货物的架子。在仓储设备中，货架是指专门用于存放成件物品的保管设备。快递业务中常用层型货架（见图 1–14）。在实际运作中，快递企业尤其是电商快件较多的企业，因快件体积小、件量大，故常用货架以轻型和中型货架为主。

图 1–14　层型货架

除了层型货架，快递企业经常采用的还有层格式货架、托盘式货架、重力式货架等，如图 1–15 所示。

图 1–15　层格式货架、托盘式货架、重力式货架

（2）集装设备

集装是将许多单件物品，通过一定的技术措施组合成尺寸规格相同、重量相近的大型标准化的组合体，这种组合状态称为集装。

快件经过集装或组合包装后，具有较高的灵活性，处于随时可运作的状态，有利于实现仓储、装卸搬运、运输和包装一体化，达到快递作业的机械化和标准化。集装设备是指用集装单元化的形式进行储存、运输作业的快递装备，常见集装设备如图 1-16 所示。

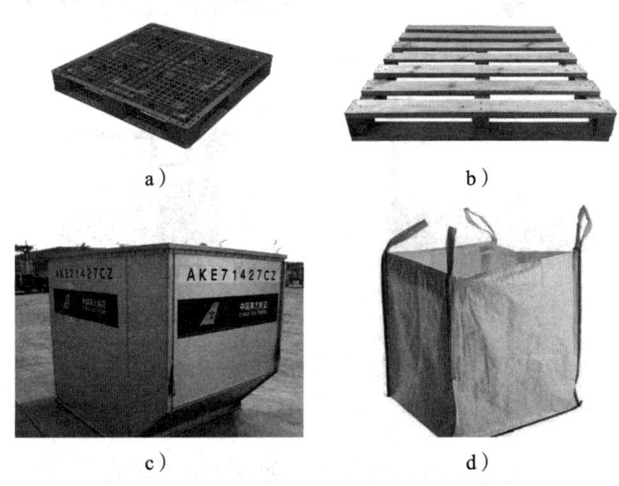

a）　b）　c）　d）

图 1-16　常见集装设备

a）塑料平托盘　b）木质平托盘　c）集装箱　d）集装袋

（3）装卸搬运设备

装卸搬运设备是指用来搬移、升降、装卸和短距离输送快件的快递设备，是快递机械设备的重要组成部分。快递企业常用的装卸搬运设备有手推车、快递笼车、手动液压托盘车、电动托盘搬运车等，如图 1-17 所示。快递装卸搬运工作人员需要根据快件的形状、重量和性质等来选择合适的装卸搬运设备。

2. 输送与分拣设备

在快件分拣中，当快件量大且件量稳定时，一般采用机械半自动分拣设备和自动分拣设备完成分拣工作。机械半自动分拣设备有皮带式分拣机、滚筒输送机、智能分拣柜等，自动分拣设备包括交

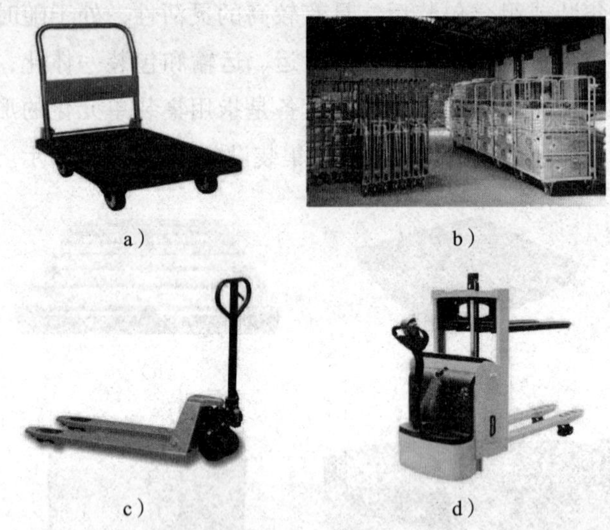

图 1-17 常用装卸搬运设备

a）手推车 b）快递笼车 c）手动液压托盘车 d）电动托盘搬运车

叉带式分拣机、智能分拣机器人等，如图 1-18 所示。

e）

图 1-18　输送与分拣设备

a）皮带式分拣机　b）滚筒输送机　c）智能分拣柜

d）交叉带式分拣机　e）智能分拣机器人

3. 安全检查与保障设备

根据快递操作规范和要求，快递企业要坚持快件 100%安全检查制度。常用的快件安全检查设备有安检机（见图 1-19）。为保障快件安全，快递企业一般会在快件处理、运输等环节安装监控系统（见图 1-20）。

图 1-19　安检机

图 1-20　监控系统

为保障企业安全生产，防止犯罪分子非法入侵，造成人员伤害和快件损失，快递企业一般会安装门禁系统（见图 1-21）。同时，由于快件在处理和运输过程中会大量集中存放，一旦发生火灾，将造成严重的损失和损害，因此在快件存储和流通各环节还必须配备相应的消防设备（见图 1-22）。

图 1-21　门禁系统

图 1-22　消防设备

模块 7　快递相关法律、法规

一、《中华人民共和国邮政法》相关知识

《中华人民共和国邮政法》（以下简称《邮政法》），根据 2015 年 4 月 24 日，第十二届全国人民代表大会常务委员会第十四次会议《关于修改〈中华人民共和国义务教育法〉等五部法律的决定》第二次修正。

快递是指在承诺的时限内快速完成将信件、包裹、印刷品等物品按照封装上的名址递送特定个人或者单位的寄递活动。《邮政法》第六章对快递业务的相关内容做出了明确规定。

1. 经营快递业务，应当依法取得快递业务经营许可；未经许可，任何单位和个人不得经营快递业务。外商不得投资经营信件的国内快递业务。国内快递业务，是指从收寄到投递的全过程均发生在中华人民共和国境内的快递业务。

2. 申请快递业务经营许可，应当具备下列条件：符合企业法人条件；有不低于标准的注册资本；有与申请经营的地域范围相适应的服务能力；有严格的服务质量管理制度和完备的业务操作规范；

有健全的安全保障制度和措施，以及法律、行政法规规定的其他条件。

3. 申请快递业务经营许可，在省、自治区、直辖市范围内经营的，应当向所在地的省、自治区、直辖市邮政管理机构提出申请，跨省、自治区、直辖市经营或者经营国际快递业务的，应当向国务院邮政管理部门提出申请；申请时应当提交申请书和有关申请材料。

4. 受理申请的邮政管理部门应当自受理申请之日起 45 日内进行审查，作出批准或者不予批准的决定。予以批准的，颁发快递业务经营许可证；不予批准的，书面通知申请人并说明理由。邮政管理部门审查快递业务经营许可的申请，应当考虑国家安全等因素，并征求有关部门的意见。申请人凭快递业务经营许可证向工商行政管理部门依法办理登记后，方可经营快递业务。

5. 邮政企业以外的经营快递业务的企业（以下简称快递企业）设立分支机构或者合并、分立的，应当向邮政管理部门备案。

6. 快递企业不得经营由邮政企业专营的信件寄递业务，不得寄递国家机关公文。

7. 快递企业经营邮政企业专营业务范围以外的信件快递业务，应当在信件封套的显著位置标注信件字样。快递企业不得将信件打包后作为包裹寄递。

8. 经营国际快递业务应当接受邮政管理部门和有关部门依法实施的监管。邮政管理部门和有关部门可以要求经营国际快递业务的企业提供报关数据。

9. 快递企业停止经营快递业务的，应当书面告知邮政管理部门，交回快递业务经营许可证，并对尚未投递的快件按照国务院邮政管理部门的规定妥善处理。

10. 经营快递业务的企业依法成立的行业协会，依照法律、行政法规及其章程规定，制定快递行业规范，加强行业自律，为企业提供信息、培训等方面的服务，促进快递行业的健康发展。经营快递业务的企业应当对其从业人员加强法治教育、职业道德教育和业务技能培训。

二、《快递市场管理办法》相关知识

为了加强快递市场监督管理，保障快递服务质量和安全，维护用户、快递从业人员和经营快递业务的企业的合法权益，促进快递业健康发展，根据《邮政法》《快递暂行条例》等法律、行政法规，制定《快递市场管理办法》。2023 年 12 月 17 日，交通运输部公布修改后的《快递市场管理办法》（以下简称《办法》），自 2024 年 3 月 1 日起施行。

1. 绿色低碳发展

（1）邮政管理部门应当引导用户使用绿色包装和减量包装，鼓励经营快递业务的企业开展绿色设计、选择绿色材料、实施绿色运输、使用绿色能源。

（2）经营快递业务的企业应当加强包装操作规范，运用信息技术，优化包装结构，优先使用产品原包装，在设计、生产、销售、使用等环节全链条推进快递包装绿色化。

（3）经营快递业务的企业应当优先采购有利于保护环境的产品，使用符合国家强制性标准的包装产品，不得使用国家禁止使用的塑料制品。

（4）经营快递业务的企业应当积极回收利用包装物，不断提高快递包装复用比例，推广应用可循环、易回收、可降解的快递包装。

2. 快递服务

（1）经营快递业务的企业应当按照法律、行政法规的规定，在门户网站、营业场所公示或者以其他明显方式向社会公布其服务种类、服务地域、服务时限、营业时间、资费标准、快件查询、损失赔偿、投诉处理等服务事项。

（2）经营快递业务的企业公示或者公布的服务地域，应当以建制村、社区为基本单元，明确服务地域范围。鼓励经营快递业务的企业以县级行政区域为基本单元公布资费标准，明确重量误差范围。

除不可抗力外，前两款规定的事项发生变更的，经营快递业务的企业应当提前 10 日向社会发布服务提示公告。

（3）经营快递业务的企业为电子商务经营者交付商品提供快递服务的，应当书面告知电子商务经营者在其销售商品的网页上明示快递服务品牌，保障用户对快递服务的知情权。

（4）经营快递业务的企业提供快递服务，应当与寄件人订立服务合同，明确权利和义务。经营快递业务的企业对不能提供服务的建制村、社区等区域，应当以醒目的方式提前告知寄件人。

三、《快递业务经营许可管理办法》相关知识

1. 服务质量管理制度和业务操作规范

申请快递业务经营许可，应当具备下列服务质量管理制度和业务操作规范。

（1）服务种类、服务时限、服务价格等服务承诺公示管理制度。

（2）投诉受理办法、赔偿办法等管理制度。

（3）业务查询、收寄、分拣、投递等操作规范。

2. 安全保障制度和措施

申请快递业务经营许可，根据其申请经营的业务范围，应当具备下列安全保障制度和措施。

（1）从业人员安全、用户信息安全等保障制度。

（2）突发事件应急预案。

（3）收寄验视、实名收寄等制度。

（4）快件安全检查制度。

（5）配备符合国家规定的监控、安检等设备设施。

（6）配备统一的计算机管理系统，配置符合邮政管理部门规定的数据接口，能够提供快递服务有关数据。

（7）监测、记录计算机管理系统运行状态的技术措施。

（8）快递服务信息数据备份和加密措施。

四、《快递服务》（GB/T 27917）相关知识

2023 年 12 月，国家标准委正式发布 GB/T 27917. 1—2023《快递服务　第 1 部分：基本术语》、GB/T 27917. 2—2023《快递服务　第 2 部分：组织要求》、GB/T 27917. 3—2023《快递服务　第 3 部分：服务环节》三项国家标准，并于 2024 年 4 月 1 日正式实施。该三项标准是快递业领域基础性、通用性的服务标准。结合快递发展新形势和新需求，各部分标准主要修订内容包括以下三个方面。

1.《快递服务　第 1 部分：基本术语》

该标准在 2011 年版标准基础上，对原有术语标准进行了大幅度的修改及完善，增加了快递服务主体、农村快递、冷链快递、快递末端网点、标准时效快递等 48 个术语，修改了快递营业场所、快件处理场所、快递包装箱等 27 个术语，删除了快递服务组织、专差快递等 26 个术语，修订后的标准共有 102 个术语，基于快递从业人员、服务类别、设施设备、服务用品、服务环节、服务质量等关键要素重构了快递业术语体系，为快递业创新发展、提升效率、消除歧义提供了基础支撑，更加符合行业发展需要。

2.《快递服务　第 2 部分：组织要求》

目前，各快递企业基本形成了较为健全的组织管理体系，为更好地推动规范化、专业化、多元化的快递服务，该标准主要从总体要求、服务主体、服务产品、服务场所及设施、包装用品与设备从业人员管理、信息系统、数据安全、服务合同、服务安全、服务质

量 10 个方面对快递服务主体提出了相关要求。具体而言，一是增加产品分类。从寄递区域、城乡区域、温控条件三个维度，对快递服务产品进行分类。二是细化国内快递服务时限。在维持现行标准同城快递 24 h，省内异地及省际快递 72 h 的基础上，进一步将同城快递服务时限细分为同一城市城区快递和其他同城快递服务时限。三是增加绿色包装要求。从优先选用可循环包装、可回收复用包装、通过绿色产品认证包装，以及禁止使用一次性不可降解的塑料包装物等方面，提出快递绿色包装要求。四是提出从业人员权益保护要求。通过加强从业人员的教育和培训、缴纳社会保险、执行劳动定员定额标准等，保障快递从业人员的合法权益。五是增加数据安全要求。对快递个人信息采集、数据存储等内容进行原则性规定。

3.《快递服务　第 3 部分：服务环节》

针对当前新技术、新形态在快递服务领域持续涌现，原有的快递服务环节出现了较大变化，为更好地优化、规范快递服务作业，该标准主要从以下方面进行了修订。

一是对用户下单和投递方式进行了细分。将用户下单分为通过快递服务主体下单和电子商务平台下单两种方式，将投递分为上门投递、箱递、站递以及其他四种类型，更好地适应寄递用户个性化需求。

二是对计费重量进行了规范。快递服务主体应确定正确的计费重量，计费重量以千克为单位，保留小数点后至少 1 位，对快件重量的计费更加科学合理。

三是增加智能化服务要求。包括智能安检系统和智能信包箱、智能快件箱、快递无人车、无人机等智能收投服务终端相关要求，推动新技术在行业的应用。

四是标准还增加了农村快递新要求，综合利用农村客运班线等交通运输资源；收件人地址为行政村及行政村以下自然村的，将快件投递至行政村，或村内约定地址，有助于提升农村快递服务能力和水平。

《快递服务》（GB/T 27917）的发布实施，将有力地培育生鲜冷链、农村电商、仓配一体等新兴业态，加速快递业自动化、信息化、数智化、绿色化转型，促进快递业安全化、绿色化、智能化、便捷化发展，对推动流通方式转型、促进消费升级，降低流通成本，扩大就业渠道，优化快递服务质量，提升快递服务水平，夯实快递业发展基础，推动快递业高质量发展具有重要的意义。

五、《中华人民共和国道路交通安全法》相关知识

为了维护道路交通秩序，预防和减少交通事故，保护人身安全，保护公民、法人和其他组织的财产安全及其他合法权益，提高通行效率，制定《中华人民共和国道路交通安全法》（以下简称《安全法》）。中华人民共和国境内的车辆驾驶人、行人、乘车人以及与道路交通活动有关的单位和个人，都应当遵守《安全法》。

1. 交通事故处理

（1）在道路上发生交通事故，车辆驾驶人应当立即停车，保护现场；造成人身伤亡的，车辆驾驶人应当立即抢救受伤人员，并迅速报告执勤的交通警察或者公安机关交通管理部门。因抢救受伤人员变动现场的，应当标明位置。乘车人、过往车辆驾驶人、过往行人应当予以协助。

（2）在道路上发生交通事故，未造成人身伤亡，当事人对事实及成因无争议的，可以即行撤离现场，恢复交通，自行协商处理损害赔偿事宜；不即行撤离现场的，应当迅速报告执勤的交通警察或者公安机关交通管理部门。

（3）在道路上发生交通事故，仅造成轻微财产损失，并且基本事实清楚的，当事人应当先撤离现场再进行协商处理。

（4）车辆发生交通事故后逃逸的，事故现场目击人员和其他知情人员应当向公安机关交通管理部门或者交通警察举报。举报属实的，公安机关交通管理部门应当给予奖励。

2. 法律责任

（1）对道路交通安全违法行为的处罚种类包括：警告、罚款、暂扣或者吊销机动车驾驶证、拘留。

（2）饮酒后驾驶营运机动车的，处十五日拘留，并处五千元罚款，吊销机动车驾驶证，五年内不得重新取得机动车驾驶证。

（3）醉酒驾驶营运机动车的，由公安机关交通管理部门约束至酒醒，吊销机动车驾驶证，依法追究刑事责任；十年内不得重新取得机动车驾驶证，重新取得机动车驾驶证后，不得驾驶营运机动车。

（4）饮酒后或者醉酒驾驶机动车发生重大交通事故，构成犯罪的，依法追究刑事责任，并由公安机关交通管理部门吊销机动车驾驶证，终生不得重新取得机动车驾驶证。

（5）货运机动车超过核定载重量的，处二百元以上五百元以下罚款；超过核定载重量百分之三十或者违反规定载客的，处五百元以上二千元以下罚款。由公安机关交通管理部门扣留机动车至违法状态消除。经处罚不改的，对直接负责的主管人员处二千元以上五千元以下罚款。

（6）伪造、变造或者使用伪造、变造的机动车登记证书、号牌、行驶证、驾驶证的，由公安机关交通管理部门予以收缴，扣留该机动车，处十五日以下拘留，并处二千元以上五千元以下罚款；构成犯罪的，依法追究刑事责任。

（7）伪造、变造或者使用伪造、变造的检验合格标志、保险标志的，由公安机关交通管理部门予以收缴，扣留该机动车，处十日以下拘留，并处一千元以上三千元以下罚款；构成犯罪的，依法追究刑事责任。

（8）使用其他车辆的机动车登记证书、号牌、行驶证、检验合格标志、保险标志的，由公安机关交通管理部门予以收缴，扣留该机动车，处二千元以上五千元以下罚款。

（9）当事人提供相应的合法证明或者补办相应手续的，应当及时退还机动车。

（10）对六个月内发生两次以上特大交通事故负有主要责任或者全部责任的专业运输单位，由公安机关交通管理部门责令消除安全隐患，未消除安全隐患的机动车，禁止上道路行驶。

六、《快递安全生产操作规范》相关知识

《快递安全生产操作规范》（以下简称《规范》）规定了快递安全生产操作的基本要求、收寄安全生产操作、分拣安全生产操作、运输安全生产操作、投递安全生产操作、重大活动时期安全生产操作及安全事件处理等要求，适用于快递服务组织从收寄到投递各个环节的安全生产操作。

《规范》明确了快递企业应完善安全生产制度，强化安全生产培训，对快递操作过程进行全程管控，坚持文明操作，避免违规操作。《规范》同时强调，对于属于禁止寄递物品的快件，快递企业应坚持即查即停原则，即在整个快递生产环节中一经发现，应立即停止对该件进行操作，并按法律、法规和邮政管理部门关于禁止寄递物品的相关规定进行处置，确保寄递渠道安全。

为保障收寄安全，《规范》提出，收寄快件时，快递业务员应按照相关国家标准以及相关法律、法规和邮政管理部门的规定，提示寄件人如实申报所寄递的物品，并根据申报内容对交寄的物品、包装物、填充物等进行实物验视，确保所寄快件符合要求。《规范》还明确，快递企业应按照法律、法规和国家相关部门要求对快递运单信息进行核对。接单时，应提前告知寄件人相关要求，寄件人拒不

配合的，快递业务员应拒绝收寄。

“以人为本”是《规范》坚持的另一项重要原则。《规范》明确规定，快递企业在制定安全生产管理制度、开展日常安全管理等活动时，应优先考虑保障快递业务员、用户及公众的人身安全；在快件操作过程中，若发生安全事件，应将保证人身安全作为第一要求。

《规范》的制定是坚持以安全为基础，着力建设安全邮政的有效抓手，有利于夯实行业安全基础，完善行业安全生产体系，提升行业安全监管水平，促进快递业健康发展。

第2单元 快件收寄

模块1　收寄前准备

一、收寄流程

1. 收寄流程的概念

收寄流程是指快递员从寄件人处收取快件的全过程，包括快件的验视、包装、称重计费、运单填写和款项交接等环节。收寄可以分为上门收寄、营业场所收寄、智能快递柜收寄三种方式。

（1）上门收寄，是指快递员在接收寄件人寄件需求的信息后，在约定时间内到达寄件人处按作业规范收取快件，并将快件统一带回快递营业场所，完成快递信息上传、快件及款项交接的全过程。

（2）营业场所收寄，是指寄件人主动前往快递营业场所寄递快件，快递员对寄件人进行实名认证，对快件进行验视、包装、称重计费，指导寄件人下单，并完成快递信息上传、快件及款项交接的全过程。

（3）除以上两种收寄方式外，寄件人还可以通过智能快递柜进行收寄。

在快件收寄的三种方式中，上门收寄以便捷、灵活见长，营业场所收寄则以营业场所固定为特色，两种方式的工作流程有许多相似之处，但上门收寄的工作环节更多，要求也更高；智能快递柜收寄主要针对一些年轻客户，可自主通过快递柜收寄软件注册、下单，完成寄件。

2. 收寄具体流程

（1）上门收寄

上门收寄流程如图 2-1 所示，上门收寄流程说明见表 2-1。

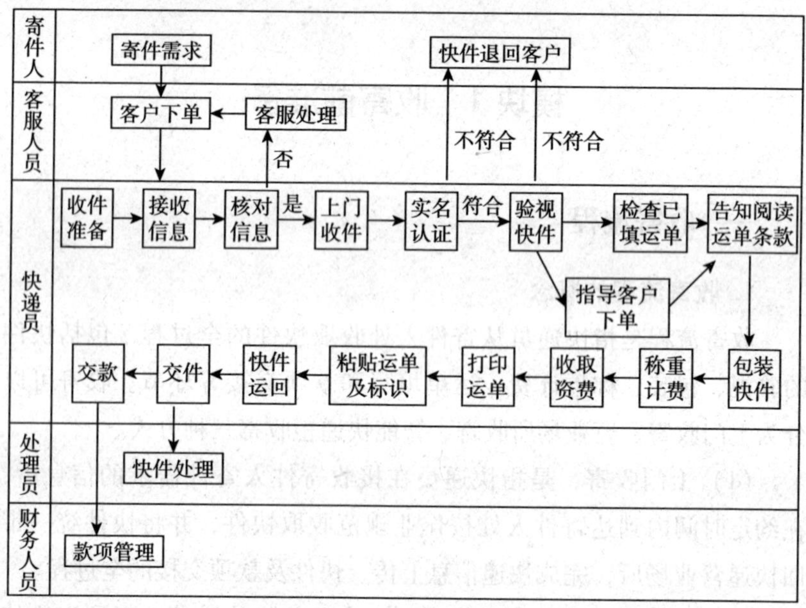

图 2-1　上门收寄流程

表 2-1　上门收寄流程说明

序号	流程	说明
1	收件准备	准备需要使用的操作设备、物料（用品用具）、单证等
2	接收信息	接收客户寄件需求的信息。接收方式包括：快递企业客服人员通知，客户直接致电，客户通过信息系统（公司 App、微信、支付宝等）下单

续表

序号	流程	说明
3	核对信息	检查寄件需求的信息。若寄件人地址超出快递员的服务范围或信息有误，须及时反馈给客服人员
4	上门收件	提前电话联系寄件人，在约定时间内到寄件人指定处收取快件
5	实名认证	对寄件人进行身份认证，对认证不符的不予收寄
6	验视快件	检查快件的重量和规格是否符合规定。超出规定则建议客户将快件分成多件寄递，若客户不同意，则礼貌地拒绝接收
		验视内件是否属于禁止或限制寄递的物品。属于禁止寄递或超出限制寄递要求的，须礼貌地拒绝接收，并及时向相关部门报告违法禁寄物品情况
7	检查已填运单	若客户已提前下单，须检查填写内容是否完整、翔实且符合要求
	指导客户下单	若客户尚未下单，应正确指导客户通过公司App、微信、支付宝等方式下单
8	告知阅读运单条款	告知客户阅读运单背书条款或者电子运单契约条款，并确认是否同意相关条款
9	包装快件	指导或协助客户使用规范包装材料和填充物品包装快件，使快件符合装卸搬运和运输要求，保证寄递物品安全
10	称重计费	对包装完好的快件进行称重，计算快件资费，将计费重量及资费分别填写在运单的相应位置
11	收取资费	确认快件资费的支付方和支付方式（现结、记账等）。客户选择寄付现结则收取相应的资费；客户选择寄付记账，则须在运单账号栏注明客户的记账账号
12	打印运单	打印运单及客户寄件存根联
13	粘贴运单及标识	按照粘贴规范，将运单、标识等粘贴在快件的相应位置
14	快件运回	将收取的快件在规定时间内运回营业场所

续表

序号	流程	说明
15	交件	复核快件包装和运单内容，确认无误后交给收寄处理点的处理人员
16	交款	将当天收取的现金款项上交公司财务

（2）营业场所收寄

营业场所收寄流程如图 2-2 所示，营业场所收寄流程说明见表 2-2。

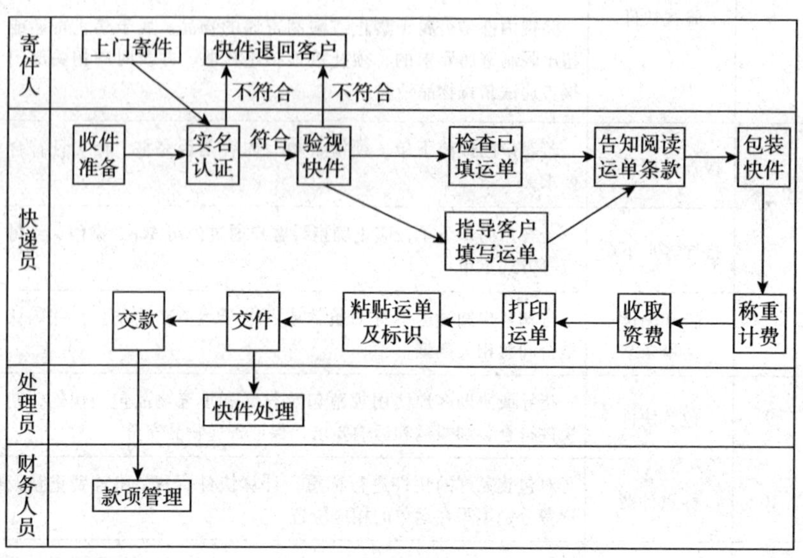

图 2-2　营业场所收寄流程

表 2-2　　营业场所收寄流程说明

序号	流程	说明
1	收件准备	准备需要使用的操作设备、物料（用品用具）、单证等
2	实名认证	对寄件人进行身份认证，对认证不符的不予收寄

续表

序号	流程	说明
3	验视快件	检查快件的重量和规格是否符合规定。超出规定则建议客户将快件分成多件寄递，若客户不同意，则礼貌地拒绝接收
		验视内件是否属于禁止或限制寄递的物品。属于禁止寄递或超出限制寄递要求的，须礼貌地拒绝接收，并及时向相关部门报告违法禁寄物品情况
4	检查已填运单	运单如果已经提前填好，须对填写内容进行检查
	指导客户填写运单	如果未填写运单，应正确指导客户填写完整运单的内容
5	告知阅读运单条款	告知客户阅读运单背书条款
6	包装快件	指导或协助客户使用规范包装材料和填充物品包装快件，使快件符合装卸搬运和运输的要求，保证寄递物品安全
7	称重计费	对包装完好的快件进行称重，计算快件资费，将计费重量及资费分别填写在运单的相应位置
8	收取资费	确认快件资费的支付方和支付方式（现结、记账等）。客户选择寄付现结则收取相应的资费；客户选择寄付记账，则须在运单账号栏注明客户的记账账号
9	打印运单	打印运单及客户寄件存根联
10	粘贴运单及标识	按照粘贴规范，将运单、标识等粘贴在快件的适当位置
11	交件	复查快件包装和运单内容，确认无误后交给收寄处理点的处理人员
12	交款	将当天收取的现金款项上交公司财务

（3）智能快递柜收寄

1）登录。快递员通过手持终端接收订单后，按规定时间取件，在智能快递柜 App 操作界面点击“快递员登录”，输入手机号码和密码登录。

2）收件。在“快递员主页”点击“收件”，进入“收件列表”。

3）打印运单并收取。在收件列表界面，点击“打印收件”，运单打印后确认“已打印”，柜门打开，取出快件。

4）快件检查。检查寄递物品是否符合公司收寄标准，快件重量是否超过快递柜额定限重，寄、收件人地址及电话号码是否填写完整，寄递物品数量是否与运单一致，包装是否符合运输要求等。

5）快件取回。检查确认无误后，取回快件。

二、收寄前相关准备及检查

1. 业务准备

（1）快递员上门收寄前，应认真参加班会，听取班组长布置的任务及当日收件注意事项。

（2）查看营业场所内的宣传公告栏有无最新通知，如当天的天气及交通情况、收件路线的更改、企业的最新业务要求等。

（3）通过手持终端下载收件信息，检查收件地址是否在自己的服务区域内，如果有超区件要及时与客服人员联系。

2. 收寄运输设备检查

常见的收寄运输设备有电动三轮车（见图 2-3）、汽车（见图 2-4）等，出班前应做好运输设备的检查，并做好安全防护措施（穿反光背心、佩戴安全帽等）。确保运输设备工作状态良好，是实现人身安全、快件安全以及高效收派必不可少的一项前期工作。

图 2-3　电动三轮车

图 2-4　汽车

（1）电动三轮车检查

1）检查轮胎气压，气压不足应及时充气。保持气压充足可以降低轮胎与道路的摩擦力。电动车气压不足时骑行费力，电能消耗增加，续航里程缩短。

2）检查车把转向是否可靠，前后制动是否灵敏，整车螺栓是否紧固，链条、飞轮是否需要润滑油，以确保行车安全。

3）检查电池盒的插座、充电器的插头是否松动，电池盒是否锁好，电池电量是否充足。

4）检查车厢整洁、封闭，外观整洁，无广告贴纸。

小知识

电动三轮车的日常保养及注意事项

1. 日常保养

（1）平时保持车体清洁，注意避免雨淋曝晒。雨天行驶时，不能让积水浸入电动机造成损坏。经常检查控制器、仪表、灯光、制动器等，发现异常情况应及时处理，排除故障。

（2）起步时，脚踏行驶至一定速度后再加速。在上坡、顶风、负重行驶中，最好人力与电力同时配合，以避免蓄电池超负荷而放电。不能使用回升电压行驶，防止严重亏电而损伤电池。

（3）养成良好的充电习惯，随用随充，使电池保持充足电量。必须使用随

车专备充电器进行充电。充电时，充电器上不要覆盖任何物品，并置于通风处，同时注意避免液体和金属颗粒进入充电器内部。防止电池跌落及受到撞击，以免造成损伤。电池在车上充电时应关闭电门锁，不要将电池倒置充电。

(4) 在保证安全的前提下，行驶中应尽量减少频繁制动、启动。制动时应松开调速把，以免损害电动机及其他机件。

(5) 较复杂的电气线路故障，最好由专业人员检测。

2. 注意事项

(1) 下车推行时，应关闭电源，以防推行时无意转动调速把，造成车子突然启动而发生意外。

(2) 制动时，电流会立即切断；但制动放开，如果此时调速把还在加速位置上，电动机将立即得电而前进，这样不利于安全，加速完毕后须将调速把推回原位。

(3) 充电器内含高压线路，不要擅自拆卸。充电过程中若闻到异味或发现电池温度过高，应立即停止充电。

（2）汽车检查

1）车辆外观及附属设施。

①检查车身外观及车厢内部是否整洁，确保车窗玻璃齐全、完好。

②检查后视镜是否完好、无毁损，调整后视镜角度，确保视野良好。

③检查灭火器配备数量及放置是否符合规定，且确保在有效期内。

④检查安全带，确保安全带固定可靠、功能有效。

⑤检查车窗玻璃刮水器，确保各挡位工作正常。

2）发动机。检查发动机润滑油、冷却液液面高度是否符合规定。

3）制动系统。

①制动系统自检正常，无制动报警灯闪亮。

②检查制动液液面高度是否符合规定。

③检查行车制动、驻车制动功能是否正常。

4）车轮及轮胎。

①检查轮胎表面无破裂、凸起、异物刺入及异常磨损，轮胎气压符合规定。

②检查车轮螺栓、螺母是否齐全完好，无松动。

5）照明、信号指示装置及仪表。

①确保前照灯完好，功能有效，表面清洁，远近灯变换正常。

②检查信号指示装置，转向灯、制动灯、示廓灯、危险报警灯、雾灯、喇叭、标志灯及反射器等信号指示装置应完好，表面清洁。

③检查仪表，确保能正常工作。

3. 移动扫描设备检查

快递领域中的移动扫描设备是指快递员在收派服务时采集快件信息所用的终端设备。移动扫描设备的种类、型号繁多，但主要功能和构造相差不大，使用前的检查要点如下。

（1）电量是否充足，如果电量不足，一般会自动提示。

（2）是否打开条码识别功能。

（3）是否能正常读取条码信息。

（4）按键是否灵敏、有效。

（5）显示屏是否正常显示扫描信息。

（6）通信接口是否清洁、无杂物。

（7）运行程序和速度是否正常。

（8）能否实时上传数据。

（9）历史数据是否已经上传且删除。

小知识

移动扫描设备日常维护与保养

1. 避免剧烈摔碰、挤压，远离强磁场。
2. 注意防潮、防湿，通信接口避免杂物进入。
3. 电池电力不足时，会有电量提示，应及时充电。
4. 当程序不能正常运行时，应重新设置系统程序及应用程序。
5. 不要擅自拆卸设备，若出现故障应与公司相关人员联系。

4. 证件及其他物品准备

（1）证件准备

快递员应随身携带的证件主要包括工牌（工作证）、居民身份证、驾驶证、行驶证和车辆营运证等。

（2）其他物品准备

收件前，快递员应准备足够的收寄用具和包装材料，常用收寄用具和包装材料见表 2–3。

表 2–3　常用收寄用具和包装材料

名称	说明	图示
运单打印纸	用于填写快件信息	
运单打印机	用于打印快递运单	

续表

名称	说明	图示
手推车	用于收派快件	
胶带	用于快件的封箱	
包装箱	用于快件的包装	
背包或挎包	用于文件类、小包裹类快件的集装	
便携式电子秤（内置卷尺）	用于快件称重或计量体积	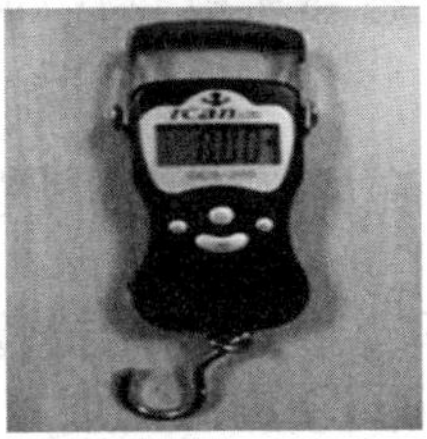

续表

名称	说明	图示
美工刀	用于收派件中的切割	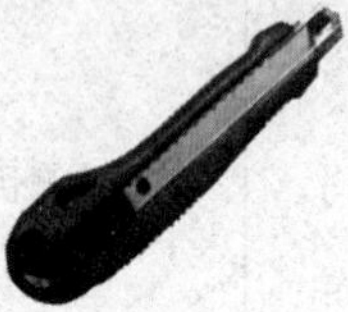

5. 仪容仪表检查

快递员在离开收寄处理点之前，仪容仪表要达到以下要求：

（1）身着公司统一制服，服装要整洁，摆好衣领。

（2）工牌佩戴于胸前，不得佩戴装饰性很强的装饰物、标识或吉祥物。

（3）衬衫第一粒纽扣以下不能解开，衬衫必须是白色或棕色的；衣服袖口须扣上，上衣下摆须束在裤内。

（4）保持鞋面干净，不能穿拖鞋，穿深色的袜子。

（5）整理干净自己的仪容。头发长度不能低过衣领；鬓角不能长过耳根；下颚、两鬓不留胡须，上颚胡须不超过嘴角两侧；保持口腔清洁，在客户面前不吸烟。

（6）调整心态和情绪，争取以饱满的精神状态和积极热忱的面貌出现在客户面前。

图 2-5　快递员仪容仪表规范

快递员仪容仪表规范如图 2-5 所示。

三、手持终端操作

手持终端的主要功能包括数据采集、识别以及快件信息的查询等。目前快递员普遍使用手机进行快件的收派作业，具体操作流程如下。

1. 以某快递企业为例，打开手机端 App，进入操作主界面，如图 2-6 所示。

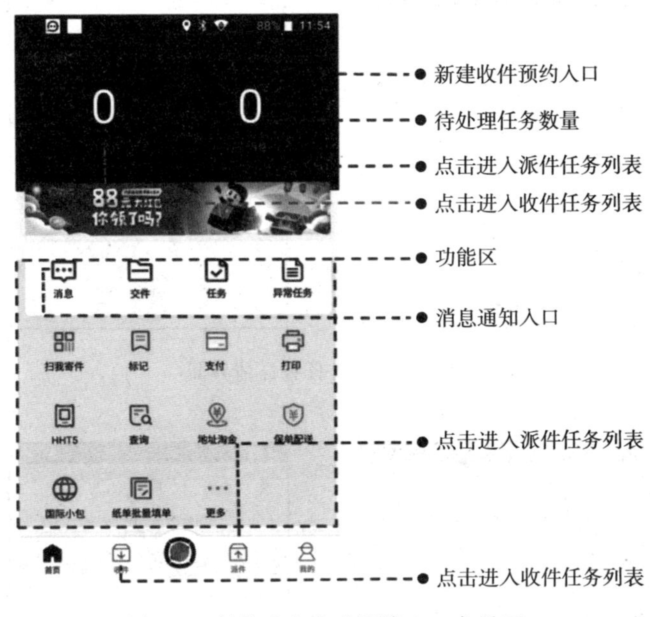

图 2-6　某快递企业手机端 App 主界面

2. 快递员点击“收件”进入任务详情界面（见图 2-7），打开“等待上门”选项卡，进入需要上门收件的任务列表。

3. 点击订单，查看订单地址信息，确认无误后点击“上门取件”；核对订单详细信息，补充产品类型及重量、增值服务、目的地等，如图 2-8 所示。

4. 信息核对无误后，点击“打印”；打印完成后，进行扫描取件，扫描订单后点击“收款”；根据寄件人要求，选择现结、记账等支付方式，如图 2-9 所示。

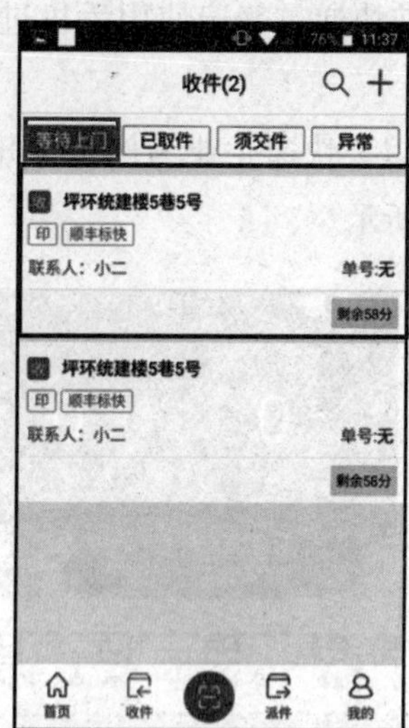

图 2-7　收件任务详情界面

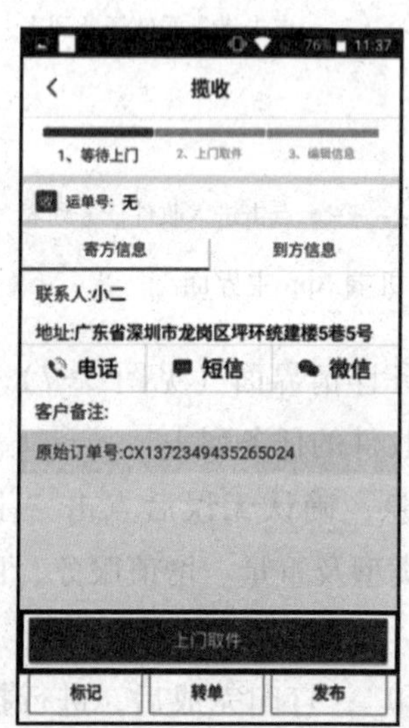

图 2-8　上门取件及核对订单信息

图 2-9　打印和收款

模块 2　收寄指导

一、快件寄递服务范围

1. 服务范围的概念

服务范围是指快递企业寄递服务所覆盖的地理区域范围，也就是快件的收寄、派送范围。例如，某快递企业在北京市只经营四环以内的同城快件，不经营四环以外快件的收派，一客户想寄快件到北京市通州区西赵村（市郊的村庄），就超出了该企业的服务范围。

2. 地理区域范围标识

快递服务与普通大宗货物运输最大的不同点在于快递服务须承担大量快件的“集中、分拣、散开”操作。由于快递企业收派的快件数量巨大，简单易记的地理区域范围标识对保证分拣、集散快件的速度和准确性起到重要作用。因此，各快递企业都会通过某一种或几种地理区域标识明确区分各快件的目的地，从而提高分拣和集散的效率。目前，地理区域范围标识主要有以下三种形式。

（1）行政区划标识

该标识用文字表示，通过地址识别。例如，北京朝阳、深圳福田、广州白云、沈阳和平等。

（2）电话区号标识

一个区号代表一个城市，快递企业通常将该地区的电话区号作为分拣和集散快件的操作标识。例如，010 代表北京、021 代表上海、0571 代表杭州、0411 代表大连等。

（3）邮政编码标识

邮政编码是代表投送邮件的邮局（所）的一种专用代号，也是该邮局（所）投送范围内居民与单位的通信代号。邮政编码由 6 位阿拉伯数字组成：前两位数字表示省（自治区、直辖市）；第三位数字表示邮区；第四位数字表示县（市）；最后两位数字代表邮件投递局（所）。通过邮政编码可以实现快件的自动分拣，提高收派速度和准确性。国内快递企业和国际快递企业多采用邮政编码作为地理区域范围标识。全国省会城市的电话区号、邮政编码见表 2-4。

表 2-4　　全国省会城市的电话区号、邮政编码

省级行政区	省会城市	电话区号	邮政编码
北京市	—	010	100000
天津市	—	022	300000
河北省	石家庄	0311	050000
山西省	太原	0351	030000

续表

省级行政区	省会城市	电话区号	邮政编码
内蒙古自治区	呼和浩特	0471	010000
辽宁省	沈阳	024	110000
吉林省	长春	0431	130000
黑龙江省	哈尔滨	0451	150000
上海市	—	021	200000
江苏省	南京	025	210000
浙江省	杭州	0571	310000
安徽省	合肥	0551	230000
福建省	福州	0591	350000
江西省	南昌	0791	330000
山东省	济南	0531	250000
河南省	郑州	0371	450000
湖北省	武汉	027	430000
湖南省	长沙	0731	410000
广东省	广州	020	510000
广西壮族自治区	南宁	0771	530000
海南省	海口	0898	570000
四川省	成都	028	610000
重庆市	—	023	400000
贵州省	贵阳	0851	550000
云南省	昆明	0871	650000
西藏自治区	拉萨	0891	850000
陕西省	西安	029	710000
甘肃省	兰州	0931	730000

续表

省级行政区	省会城市	电话区号	邮政编码
青海省	西宁	0971	810000
宁夏回族自治区	银川	0951	750000
新疆维吾尔自治区	乌鲁木齐	0991	830000
香港特别行政区	—	00852	999077
澳门特别行政区	—	00853	999078
台湾省	台北	00886	999079

二、快递运单

1. 快递运单概述

快递运单（见图 2-10），是快递企业为寄件人准备的、由寄件人或其代理人签发的重要运输单据。快递运单是快递企业与寄件人之间的寄递合同，其内容对双方均具有约束力。当寄件人以物品所有人或代理人的名义填写并签署快递运单后，即表示接受和遵守本运单的背书条款，并受法律保护。

2. 快递运单的组成

快递运单是一种格式合同，由正面寄递信息和背书条款两部分组成。

（1）快递运单正面寄递信息是对快件涉及信息的详细描述。主要包括寄件人、收件人、寄递物品性质、重量、资费、数量、寄件人签名、收件人签名、寄件日期、收件日期、付款方式、快递员名称或工号等内容。每一份运单正面都有一个条码（各快递企业使用的条码编码规则不尽相同），通过条码可以将运单内容进行捆绑，便于快件运输途中的查询和操作。

国 内 快 递 详 情 单

EXPRESS WAYBILL

快递服务组织名称、标识
Express Service Provider Name & Logo

条码或编号位置
Barcode or Waybill No.

寄件人姓名 FROM	联系电话（非常重要） PHONE（VERY IMPORTANT）	收件人姓名 TO	联系电话（非常重要） PHONE（VERY IMPORTANT）
单位名称 COMPANY NAME		单位名称 COMPANY NAME	
寄件地址 ADDRESS		收件地址 ADDRESS	
用户代码 CUSTOMER CODE	邮政编码 □□□□□□ POSTAL CODE	城市 CITY	邮政编码 □□□□□□ POSTAL CODE

文件 □ DOCUMENT	物品 □ PARCEL	如系物品，请据实填写内件名称及数量。如需保价，请据实申报保价金额并交纳保价费 PLEASE SPECIFY THE CONTENTS AND AMOUNT OF THE PARCEL, DECLARE VALUE FOR CARRIAGE AND PAY THE APPROPRIATE CHARGE.		重量 WEIGHT 千克 公斤	体积 VOLUME 长 L ×宽 ×W ×高 ×H = cm³ = cm³
		保价 □ DECLARING A VALUE FOR CARRIAGE	保价金额： 万 仟 佰 拾 元（大写） DECLARED VALUE FOR CARRIAGE	付款方式 MEANS OF PAYMENT	现金 □ CASH　协议结算 □ AGREEMENT
内件品名 NAME OF CONTENTS			数 量 AMOUNT		

资 费 CHARGE	¥	加急费 URGENCY SURCHARGE	¥	包装费 PACKAGING FEE	¥	保价费 CHARGE FOR ¥ DECLARED VALUE 1% □ 2% □ 3% □ 商定 AGREEMENT □
费用总计 TOTAL	¥					

特别声明 SPECIAL STATEMENT	非禁寄品 □ NON-PROHIBITED ARTICLES　易碎 □ FRAGILE　加急 □ URGENT　其他 □ OTHERS	非保价快件赔偿限额 COMPENSATION LIMITS FOR ARTICLES WITHOUT DECLARED VALUE	资费2倍 □ CHARGE × 2　资费5倍 □ CHARGE × 5　商定 □ ________ AGREEMENT

寄件人签名： SENDERS SIGNATURE Y年 M月 D日 H时	收寄人员签章： ACCEPTED BY (SIGNATURE)	收寄单位业务专用章 Business Seal of the express service provider	收件人签名 RECEIVERS SIGNATURE Y年 M月 D日 H时 证件： ID: 证件号： ID NO.	代签人签名： AUTHORIZED SIGNATORY: Y年 M月 D日 H时 证件： ID: 证件号： ID NO.
			备注REMARKS	

图 2-10 国内快递运单

（2）快递运单背书条款确定了快递企业与客户之间权利与义务的主要内容。背书条款由快递企业和寄件人共同承认并遵守，具有法律效力，自签字之日起确认生效。在收寄快件时，快递员有义务提醒寄件人阅读背书条款的内容。背书条款主要包括以下内容：查询方式与期限；客户和快递企业的权利与责任；客户和快递企业产生争议后的解决途径；赔偿的有关规定。

3. 快递运单的作用

（1）寄件人与快递企业之间的寄递合同

运单是寄件人与快递企业之间的快件寄递合同，在双方共同签名后产生法律效力，在快件到达目的地并交付运单上所记载的收件人后，合同履行完毕。

（2）快递企业签发的已接收快件的证明

快递运单也是快件收据，在寄件人将快件交寄后，快递企业就会将其中一联交给寄件人（寄件存根联），作为已经接收快件的证明。另外，它也是快递企业收到快件并在良好条件下装运的证明。

（3）付费方和快递企业的费用核收账单

快递运单记载了快递服务所需支付的费用，并详细列明了费用的种类、金额，因此可以作为付费方的费用核收账单。

（4）报关单证

快递运单是国际快件出口的报关单证之一。在快件到达目的地机场进行进口报关时，快递运单通常也是海关查验放行的基本单证。

（5）快递企业安排内部业务的依据

快递运单随快件同行，能证明快件的身份。运单上载有该快件收取、转运、派送的相关事项，快递企业会据此对快件的运输做出相应安排。

小知识

国内快递服务协议（示范文本）

1. 快递运单是本协议的组成部分。本协议自寄件人、快递企业收寄人员在快递运单上签字或盖章后成立。

2. 快递企业依法收寄快件，对信件以外的快件按照国家有关规定当场验视，对禁寄物品和拒绝验视的物品不予收寄。向寄件人提供自快件交寄之日起 1 年内的查询服务。

3. 寄件人不得交寄国家禁止寄递的物品，不得隐瞒交寄快件的内件状况，应当依照相关规定出示有效身份证件，准确、工整地填写快递运单。

4. 快递企业在服务过程中造成快件延误、毁损、灭失的，应承担赔偿责任。双方没有约定赔偿标准的，可以按照相关法律规定执行。既无约定也无相关法律规定的，遵从快递服务标准规定。快递企业有偿代为封装的，承担因封装不善造成的延误、毁损、灭失责任。

5. 寄件人违规交寄或填单有误，造成快件延误、无法送达或无法退还，或因封装不善造成快件延误、毁损、灭失的，由寄件人承担责任。

4. 电子运单

随着电子商务平台和快递服务信息化飞速发展，快递运单成为快递企业串联订单、商家、商品等各种信息的枢纽。传统纸质运单的价格高、信息录入效率低、存在信息安全隐患等问题已愈发凸显，在这种情况下，电子运单应运而生。

（1）电子运单的定义

电子运单（见图 2-11），又称热敏纸快递运单、二维码运单等，是指按照快递企业的规定格式使用不干胶热敏纸打印客户寄件信息的运单。目前，我国快递企业以使用电子运单为主，客户通过快递企业 App、微信、支付宝等途径下单即可享受电子运单服务。

（2）电子运单的特点

1）提高收件效率，提升服务质量。快件签收后，收件人须在回

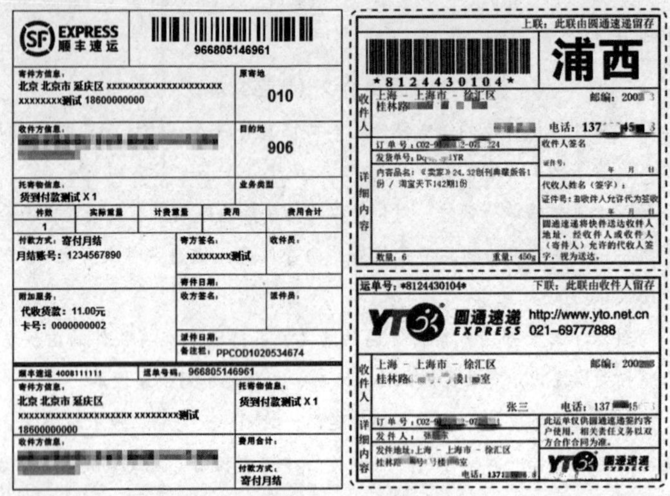

SF EXPRESS 顺丰速运

966805146961

寄件方信息：
北京 北京市 延庆区 xxxxxxxxxxxxxxxxxxxxxx
xxxxxxxx测试 18600000000

原寄地
010

收件方信息：

目的地
906

托寄物信息：
货到付款测试 X 1

业务类型

件数	实际重量	计费重量	费用	费用合计
1				

付款方式：寄付月结
月结账号：1234567890

寄方签名：
xxxxxxxx测试

收件员：

寄件日期：

附加服务：
代收货款：11.00元
卡号：0000000002

收方签名：

派件员：

派件日期：

备注栏：PPCOD1020534674

顺丰速运 4008111111

运单号码：966805146961

寄件方信息：
北京 北京市 延庆区
xxxxxxxxxxxxxxxxxxxxxx xxxxxxxx测试
18600000000

托寄物信息：
货到付款测试 X 1

收件方信息：

费用合计：

付款方式：
寄付月结

上联：此联由圆通速递留存

8124430104

浦西

收件人

上海 - 上海市 - 徐汇区
桂林路

邮编：200

电话：137

订单号：C02-

发货单号：

内容品名：《卖家》24、32创刊典藏版各1份 / 淘宝天下142期1份

数量：6
重量：450g

详细内容

收件人签名
证件号：
年 月 日

代收人姓名（签字）：
证件号：非收件人允许代为签收
年 月 日

圆通速递将快件送达收件人地址，经收件人或收件人（寄件人）允许的代收人签字，视为送达。

运单号：*8124430104*

下联：此联由收件人留存

YTO 圆通速递 EXPRESS http://www.yto.net.cn 021-69777888

收件人

上海 - 上海市 - 徐汇区
桂林路

邮编：200

张三
电话：137

详细内容

订单号：C02-

发件人：

发件地址：上海 - 上海市 - 徐汇区
桂林路

电话：137

此运单仅供圆通速递签约客户使用，相关责任义务以双方合作合同为准。

YTO 圆通速递

图 2-11　电子运单

执栏签字，由快递员撕下带回，客户留存余下的存根联。运用电子运单只需留存一张单据，不必存留多张单据，防止烦琐地翻看记录。

2）规范订单，减少订单错误。大、中客户使用桌面热敏打印机（见图 2-12）打印电子运单，零散客户使用手持热敏打印机（见图 2-13）打印电子运单，避免了手写带来的错写报废单据、字迹潦草出错等一系列问题。

图 2-12　桌面热敏打印机

图 2-13　手持热敏打印机

3）降低人力成本，提高耗材利用效率。全部采用热敏打印，除

大客户处预留卷装运单供其自行打印外，其他客户无须预留运单，快递员带单上门服务，避免了运单遗失、损坏等不必要的浪费，提高了耗材的利用效率，节约了成本。同时，由于不再需要手工录入快件信息，也大大降低了人力成本。

4）创造更多价值利用空间。电子运单的信息量大，可以在预设的空白处印刷促销广告或推广活动，成为一个定向的广告位，从而实现更大的价值。

（3）纸质运单与电子运单的区别（见表 2–5）

表 2–5　　纸质运单与电子运单的区别

区别	纸质运单	电子运单
打单速度	600~800 张/h	2 000~3 600 张/h
打印方式	碳带+针孔打印机，须经常更换打印头及碳带	桌面热敏打印机/手持热敏打印机，可长期使用，损坏率极低
信息量	四联均为重复内容	表层热敏纸打印单据信息，下层印刷广告，宣传企业形象
辨识度	手写，除第一联外其余几联难以辨识	单据数据全部打印录入，清晰可辨
下单方式	电话下单，手写运单，烦琐	网上下单，计算机/手机录入，便捷
录入快递系统	人工录入快递系统，费时费力且出错率高；录完后方能进行下一环节作业，延误时间	客户自主录单，客服人员收到订单后，安排快递员上门取件，快件带回网点后即可直接发往处理中心
寄件操作	需逐票撕下寄件存根联，寄件量大时花费时间长，影响寄件时限	寄件存根联由电子存根代替，贴单扫描后即可直接发往下一环节，高效、快捷
签收操作	收件人签收后留存手写签名，字迹模糊，难以辨认	收件人签收联打印而成，字迹清晰，收件人签字后直接撕下即可

5. 快递运单填写规范

快递企业一般根据《快递服务》（GB/T 27917）的要求，结合企业快递服务产品类型，设计运单格式。虽然格式可能存在差异，但运单栏目内容都大同小异。

（1）寄件人信息

寄件人信息包括寄件人公司名称、姓名、电话、所在地邮编及地址等。

1）寄件人公司名称。私人寄件可以不填写寄件人公司名称；公司寄件必须填写寄件人公司名称。

2）寄件人姓名。必须填写全名，填写英文名或中文名可以根据快件类型确定。

3）寄件人电话。必须填写寄件人电话，包括电话区号和电话号码（座机或手机号码可以由客户自行选择提供），便于快件异常时可以及时联系寄件人。

4）寄件人所在地邮编。是否填写可以根据各快递企业的要求，若要求填写邮政编码，须请客户提供正确的邮政编码。

5）寄件人地址。须详细填写寄件人地址，以便在快件退回时可以尽快找到寄件人。

（2）收件人信息

收件人信息包括收件人公司名称、姓名、电话、所在地邮编及地址等。

1）收件人公司名称。私人收件，可以不填写收件人公司名称；收件人在公司签收快件，则必须填写收件人公司名称。

2）收件人姓名。必须填写全名，填写英文名或中文名可以根据快件类型确定。

3）收件人电话。必须填写收件人电话，包括电话区号和电话号码（座机或手机号码可以由客户自行选择提供），以便于快件异常时可以及时联系收件人。

4）收件人所在地邮编。是否填写可以根据各快递企业的要求，若要求填写邮政编码，须请客户提供正确的邮政编码。

5）收件人地址。必须详细填写收件人地址，按“××省××市××镇××村××工业区/管理区××栋（大厦）××楼××单元”或“××省××市××区××街道（路）××号×× 大厦××楼××单元”详细填写，方便派送。因购物中心、大型商城、集贸市场等场所楼层复杂、专柜较多，凡寄往此类地址的快件须注明专柜名称及位置号码。

（3）寄递物品信息

详细填写寄递物品的实际名称，不允许有笼统字眼，如“样板（版、品）”“电子零件”等。品名内容后不能有“部分”字样，应写明具体数量。出口的寄递物品须根据物品性质、材料详细申报。例如，衫、裤要注明为针织、棉、毛、皮、人造皮革、化纤等，玩具要注明为布、塑料或木质、毛绒等，以保证快件在发运过程中的安全检查正常以及通关顺利。

（4）数量、价值

与寄件人共同确认寄递物品的数量及价值后填写。

（5）重量

根据快件性质和规格，与寄件人共同确认后填写快件称重的实际重量和体积重量（以较大者作为计费重量）。

（6）资费

根据快件重量计算快件的资费，与寄件人共同确认后填写。

（7）付款方式

快递员与寄件人确认后，在运单上勾选正确的付款方式。

三、快件保价

1. 快件保价的概念

快件保价是指客户向快递企业申明快件价值，快递企业与客户之间协商约定由寄件人承担基础资费之外的保价费用。快递企业以快件声明价值为限承担快件在收派、处理和运输过程中发生的遗失、损坏、短少等赔偿责任。

快件保价是快递企业直接向客户做出的承诺，如果因企业方责任而发生问题，则由快递企业承担赔偿责任。部分快递企业为转移赔偿风险而向保险公司购买快件保险，由保险公司承担快件遗失、损坏、短少等的赔偿责任。

2. 保价服务的作用

快递市场中普遍存在保价服务的需求，保价服务作为一种增值服务，是快递企业争取客户资源，应对行业竞争，开发中高端市场的一项重要举措。

（1）满足客户中高端服务需求

客户对快件安全、高效的要求越来越高，尤其是中高端客户。如果将保价服务作为快递领域的增值服务项目且费用合理，可以提高客户对快递企业的满意度。

（2）增加快递企业收入

快递企业开展保价业务，为快件处理提供特殊的保护操作，降低快件损失、丢失的发生概率，提高了快件的安全性，快件赔付概率较低。因此，保价服务已经成为快递企业增值的重要渠道。

3. 保价服务的注意事项

（1）声明价值

对快递企业来说，快件价值越高，遗失、损毁所产生的风险越大。为了规避风险，快递企业一般都规定了保价物品的最高赔偿价值。快递员在收取快件时需要注意，客户填写的声明价值不得超出本企业规定的最高赔偿价值限制；如果超出，则建议客户对快件分开进行投保。

（2）保价标识

保价快件一般都是价值较高或客户非常重视的物品，因此须妥善包装，并使用特殊的标识提醒各操作环节注意保护。例如，在快件包装封口的骑缝线上粘贴保价封签，请寄件人在封签及包装的交接处签名，确保若要打开快件包装只能破坏封签。

（3）快件称重

为能够及时发现保价快件是否短少并进行相应处理，快递企业一般会对保价快件称重精确度提出较高要求。例如，某快递企业规定保价快件的重量必须精确到小数点后两位，且各交接环节须进行重量复核，确保快件从收寄到派送整个过程的安全。

（4）保价运单

出于保价快件自身的特殊性，有些快递企业会使用专门印制的保价运单，有些快递企业则直接在普通运单的某一位置显著标记“保价”。对于有专门或特殊标记的保价运单，快递员在收取保价快件时，须使用这些运单寄递快件，同时注意严格遵循填写规范。

（5）赔偿上限

保价快件最高赔偿额不超过客户投保的声明价值。

四、快件的计费原则和时限要求

1. 快件计费原则

国内各快递企业在计算快件资费时，须根据产品种类、服务距离、运输方式、服务时限、投递方式、增值服务等因素，科学测算成本，综合考虑供需关系，遵循公平、合法、诚实、信用的原则，兼顾城乡区域差距。国内快递服务以快件收寄地所在县到寄达地所在县为基本单元，国际快递服务以国内主要城市到国外主要城市为基本单元，合理确定服务费用，形成与服务质量相适应的、差别化的价格体系。同时，通过纸质或电子等形式，向用户展示或提供服务时限表、服务价格表。寄达地为乡镇以下区域的，因兼顾投递成本，可适当高于城区服务价格，鼓励为农村用户提供优惠服务。在计算快件资费时，快递企业一般遵循以下原则。

（1）计费重量选择实际重量和体积重量两者之中较高者

体积重量是将货物的体积按照一定的计算公式折合成为重量。计算体积重量，主要是针对那些体积非常大但实际重量很轻的快件，即轻泡快件，目的是较为合理的核实快件资费。因轻泡快件在实际运输过程中占用较大体积，如果按照实际重量计算资费，不能弥补快递企业所需承担的运输成本。

（2）以时效为依据，体现快速高价原则

在重量一定的基础上，对于不同时效的产品可以设置不同的价格。例如，同样的距离，即日达快件的价格比次日达快件的价格高，次日达快件的价格比隔日达快件的价格高。

（3）首重加续重原则

通常快件资费分为首重资费和续重资费。国内快递企业规定的最低计费重量（一般为 1 kg）为首重，首重所对应的资费为首重资费；快件重量超出最低计费重量的部分称为续重，续重所对应的资费为续重资费。

2. 快件时限要求

（1）快件时限概念

快件时限是指快递企业完成快件收寄、处理、运输、派送等环节所需要的时间限度。快件时限直接反映了一票快件从收寄开始到第一次派送的时间间隔，时间间隔越短，越能体现快递“快”的特性。

根据快件流转的环节不同，快件时限又可分为快件收寄时限、快件处理时限、快件运输时限和快件派送时限。

（2）国内快件时限

《快递服务　第 2 部分：组织要求》（GB/T 27917. 2—2023）规定，除了偏远地区以及出现不可抗力等因素外，寄件地和收件地在同一城市城区的同城快递服务时限不超过 24 h，其他同城快递服务时限不超过 48 h，省内异地及省际快递服务时限不超过 72 h。

（3）国际快件时限

除出现海关清关障碍以及不可抗力等因素外，寄达下列地区的国际快递服务时限宜满足以下要求。

1）亚洲地区的主要城市快递服务时限不超过 6 个工作日。

2）北美洲地区的主要城市快递服务时限不超过 8 个工作日。

3）欧洲地区的主要城市快递服务时限不超过 10 个工作日。

4）大洋洲地区的主要城市快递服务时限不超过 11 个工作日。

5）其他地区城市的国际快递服务时限可视实际情况而定。

（4）企业提供的限时服务

快递企业围绕“快”的特点，以客户对快递的不同时效需求为出发点，推出众多特殊时限承诺的快递服务产品，如“晨收晨到”“午收晨到”“夜收晨到”“晨收午到”“午收午到”“朝九特派”“次日达”“隔日达”“专人收派”等。快递员在收寄此类限时快件时，应严格按照企业作业标准，优先收寄，优先处理。

五、快件查询、更址、撤回和赔偿

1. 快件查询

快件查询是指快递企业向寄件人反馈快件状态的一种服务方式，客户可以通过快件运单号码查询及跟踪相应快件的状态，流程如图 2-14 所示。根据《快递服务》（GB/T 27917）规定，快递企业应向客户提供电话或互联网等查询渠道。

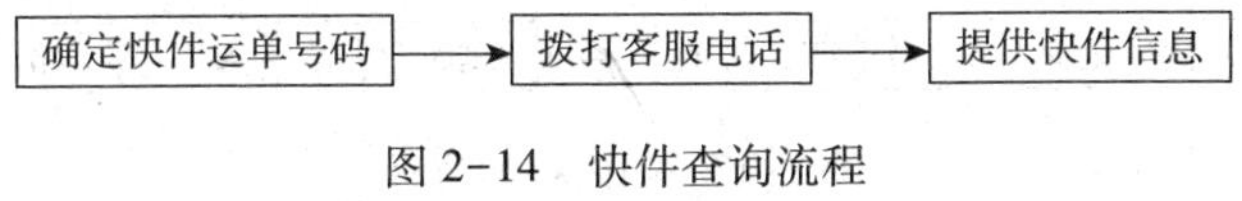

图 2-14　快件查询流程

（1）查询渠道

1）网站查询。客户根据快件运单上预留的网址，登录快递企业的网站，凭借快件运单号码，即可进行快件信息的查询，流程如图 2-15 所示。

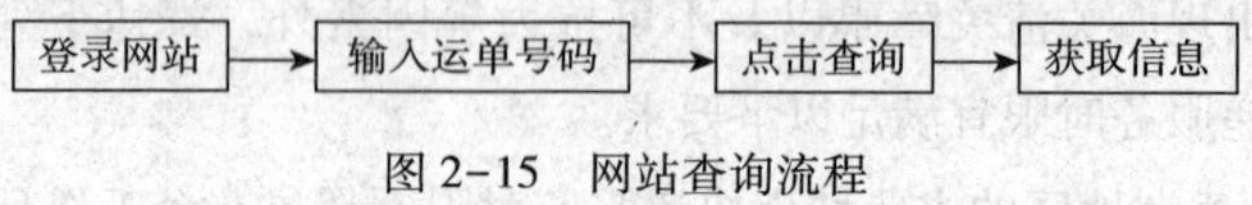

图 2-15　网站查询流程

2）网点查询。客户到快递企业的营业网点，凭借寄件存根联办理快件查询手续。

3）电话查询。客户拨打快递企业预留在快件运单上的客户服务电话查询快件的状态，可根据电话提示选择人工服务或自助语音服务查询，流程如图 2-16 所示。

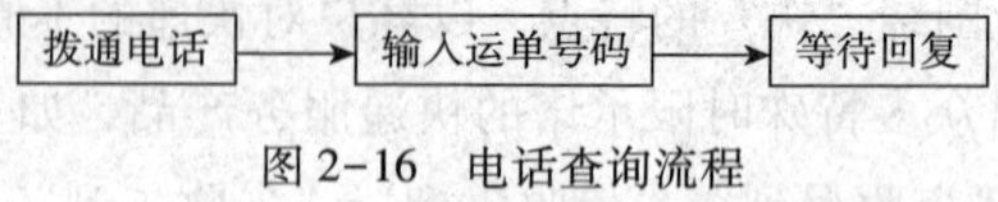

图 2-16　电话查询流程

①人工服务是指客户拨打快递企业的客服专线，通过客户服务人员获得帮助的一种方式。并非所有的快递企业都可以提供 24 h 的人工服务，所以，在快递企业不提供人工服务的时段，此查询方式无法进行。另外，在查询或客户下单的繁忙时段，客户选择人工服务时，可能会因为服务人员数量有限，无法及时获得相应服务。

②自助语音服务是指客户拨打快递企业的客服专线后，通过按键输入与企业进行信息交互的一种信息查询及获取方式。

4）扫码查询。客户通过快递企业 App、微信、支付宝等方式扫描电子运单上的二维码查询快件的状态，流程如图 2-17 所示。

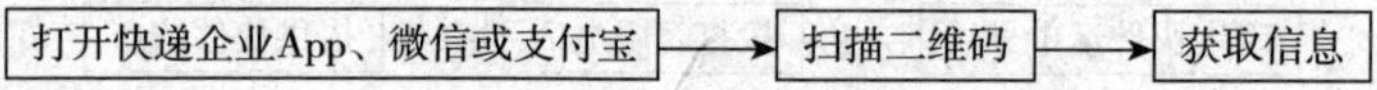

打开快递企业App、微信或支付宝 → 扫描二维码 → 获取信息

图 2-17　扫码查询流程

（2）查询内容

1）快件目前所在位置及预计到达目的地的时间。

2）快件因何原因未及时送达。

3）快件损坏或遗失的处理进度情况。

（3）查询答复时限

客户使用电话查询快件状态时，快递企业应在 30 min 之内告知客户；对于不能提供快件即时信息的，应告知客户彻底延误时限以及索赔程序等。

（4）查询信息有效期

国内快件查询信息的有效期应为快递企业收寄快件 1 年之内。

2. 快件更址

快件更址（或称改寄）是指快件寄出但未派送（出口验关）前，寄件人提出更改收件人名址，由快递企业将快件递送至新地址的过程。

（1）快件更址的条件

快件寄出后，由于状态随时在改变，所以并非每票快件都可以进行更址操作。如果快件已经派送至收件人手中，快递企业就无法完成快件更址操作，因此不同类型的快件更址须满足相应的条件。

1）同城及国内异地快递服务：快件还未派送至收件人处。

2）国际及港澳台快递服务：快件尚未出口验关前可以更改地址。

【案例 2-1】

快递——商业成功的助手

A 公司是当地一家从事服装生产的民营公司，随着公司业务的不断发展，原有的办公场地已经无法满足现有的办公需要，于是 A 公司选择了搬迁。

张先生为本市一家培训公司的业务经理，近期该培训公司新开发了一门针对企业领导者的管理课程，张先生将多份试听邀请函以快递的形式发送给了自己的合作伙伴。

快件发出后，张先生立即给各个企业的领导打电话，邀请他们积极参加此次试听。电话中A公司的王总告诉张先生他们搬家的消息，张先生十分着急，可快件已经发出去了，邀请函需要有公司盖章，再制作一份时间来不及。于是，张先生拨通了快递企业的电话寻求帮助，在客服人员的帮助下，张先生按照快递企业的要求，成功更改了未派送快件的地址。第二天一早，A公司的王总就收到了快件。

案例分析：在国内快递业务中，快件只要未被签收，寄件人就可以提出更改派件地址的申请。此案例中，张先生通过使用快递，不仅给自己的工作带来了便利，还把握住了商机。

此案例表明，更改快件地址需要寄件人向快递企业提出申请，按照快递企业的要求及流程进行更址操作。

【案例2-2】

未按流程更址操作的后果

王女士在网上开了一家店铺，专门销售手机等电子类商品。某天，她接到一订单，客户张某要购买一部价值5 000元的品牌手机，张某与王女士约定，采用收到手机后第三方支付的形式支付费用。

王女士选择的是当地一家比较有名的快递企业，该企业以速度快、服务好著称。然而 5 天时间过去了，王女士却未收到银行的到账通知，她误以为是张某还未收到手机，但是通过快递企业的网站查询发现，快件已经在 3 天前的上午被签收了。于是王女士拨通了快递企业的客户服务专线，经核实，快件在发出后，快递企业曾接到一个电话，声称需要更改收件人的地址，于是就出现了快件被签收的情况。

王女士立即联系张某，但是张某称自己并未收到手机，所以拒绝支付此手机的货款，那么此快件是被谁签收了？又是谁打的电话更改了收件地址呢？

案例分析：经与快递企业核实，有人冒充王女士对快件地址进行修改。快递企业工作人员工作失误，未按企业要求流程进行更址操作，最终导致快件被不法分子窃取。最终，王女士向快递企业提出索赔要求。

（2）快件更址的流程（见图 2–18）

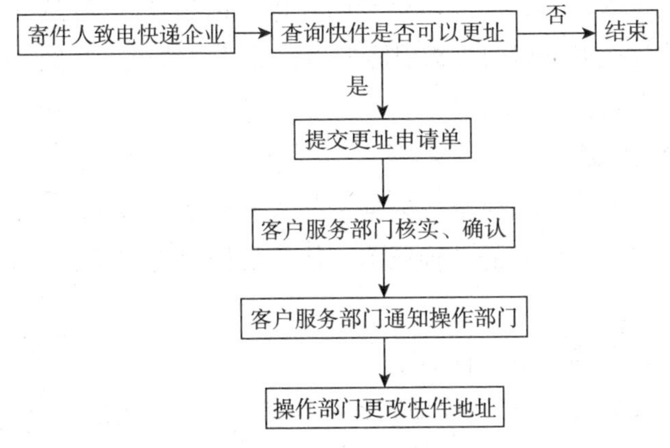

图 2–18　快件更址流程

如果快件满足更址条件，可以进行更址操作。需要注意的是，快件的所有权在签收前归寄件人所有，快递企业为了保证快件的安全性，更址操作仅限于寄件人提出申请。

（3）快件更址的方式

快件所处的状态不同，快件更址的方式也有所区别。

1）快递员未离开寄件人处。如果客户要求更改收件人地址，快递员应尽量采取更换快件详情单的方式进行更址。如果因客户原因导致快件详情单无法更换，则可以由寄件人在快件详情单原收件人地址处进行更改，并在快件详情单醒目位置标注“地址已更改”字样。在快件更址时应注意，需要将快件详情单的每一联运单整理整齐后再做更改，以保证更改内容清晰、准确地体现在每一联的运单上。

2）快递员离开寄件人处。此时客户如果需要对快件进行更址操作，则需要致电快递企业的客户服务热线，由客户服务人员进行登记备案。为保证更改信息的准确、无误，同时确保客户的权益不受损害，客户服务人员应详细记录寄件人的地址、联系人名称、联系方式、收件人地址、快件运单号码等快件信息。对符合更址条件的客户，快递企业一般通过指引客户填写更址申请单（见图 2-19）的方式进行更址操作。

3. 快件撤回

快件撤回是指快递企业根据寄件人的申请，将已收取的快件取消寄递并退还寄件人的一种服务。快件撤回只有满足相应的条件才可以申请。

（1）快件撤回的条件

1）同城及国内异地快递服务：对尚未首次派送或已经首次派送但未派送成功的国内快件，快递企业应提供撤回服务。

2）国际及港澳台快递服务：快件尚未出口报关。

更址申请单

快件运单号码：＿＿＿＿＿　××快递服务电话：＿＿＿＿＿　申请日期：＿＿＿＿＿＿

致＿＿＿＿＿＿快递公司：

＿＿＿年＿＿＿月＿＿＿日＿＿＿＿＿＿＿发往＿＿＿＿＿＿＿的运单号码为＿＿＿＿＿＿＿的快件，因寄件人原因申请更改收件人地址，请尽快处理。更址费用＿＿＿＿元，本人同意支付。

寄件人地址：＿＿＿＿＿＿＿＿＿＿＿＿＿＿＿＿＿＿＿＿＿＿

更改后信息：

更址后收件人姓名：＿＿＿＿＿＿＿　更址后收件人电话：＿＿＿＿＿＿＿＿＿

更址后收件人地址：＿＿＿＿＿＿＿＿＿＿＿＿＿＿＿＿＿＿＿＿＿＿

寄件人（申请人）姓名：＿＿＿＿＿＿＿＿＿

寄　件　人　签　章：＿＿＿＿＿＿＿＿＿

寄　件　人　联　系　方　式：＿＿＿＿＿＿＿＿＿

申　请　日　期：＿＿＿＿＿＿＿＿＿

图 2-19　更址申请单

（2）快件撤回的流程（见图 2-20）

客户在发送快件时，有时会因自己的疏忽导致快件发错，有时也会由于收件人地址搬迁、受交通管制等原因，导致已经发出的快件需要撤回。无论是何种原因，客户在有快件撤回的需求时，需要第一时间致电快递企业客户服务热线提出申请。

1）快递企业客户服务人员应根据快件实时状态，回复客户是否可以对快件进行撤回，只要快件暂未派送或尚未出口报关，就可以进行撤回操作。

2）在确定快件可以进行撤回操作后，快递企业客户服务人员需要进行以下确认步骤。

①由快递企业发送或传真“快件撤回申请单”（见图 2-21）给寄件人，由寄件人签字、盖章后回传给快递企业。

②收到“快件撤回申请单”后，由快递企业客户服务人员进行撤

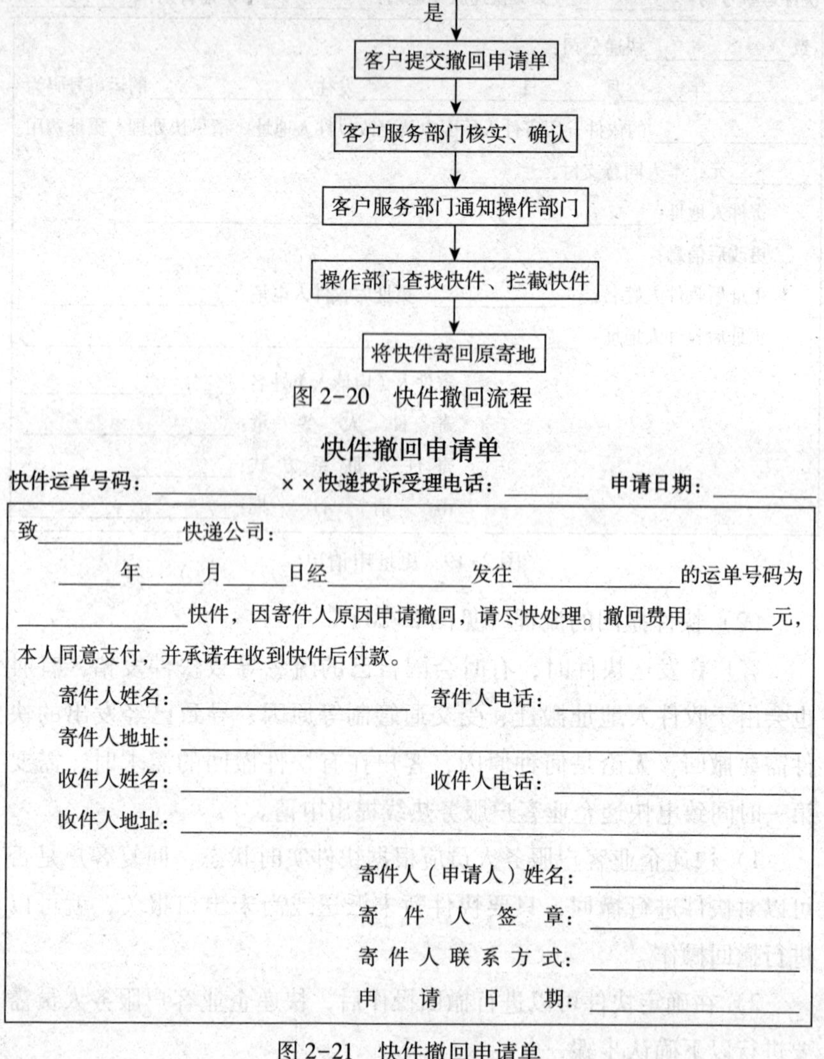

图 2-20　快件撤回流程

快件撤回申请单

快件运单号码：________　××快递投诉受理电话：________　申请日期：________

致__________快递公司：

______年______月______日经__________发往__________的运单号码为__________快件，因寄件人原因申请撤回，请尽快处理。撤回费用______元，本人同意支付，并承诺在收到快件后付款。

寄件人姓名：__________　寄件人电话：__________

寄件人地址：____________________

收件人姓名：__________　收件人电话：__________

收件人地址：____________________

寄件人（申请人）姓名：__________

寄 件 人 签 章：__________

寄 件 人 联 系 方 式：__________

申 请 日 期：__________

图 2-21　快件撤回申请单

回信息的发布，将信息发布至相应部门进行快件撤回操作。如果快件已进入派送环节，即快件已经到达派送的最后环节，客户服务人员应立即电话联系派送人员，将此件拦截，以免影响快件的撤回。

（3）快件撤回的注意事项

1）核实快件状态，及时回复客户是否可以进行撤回操作。

2）告知客户撤回需要产生撤回费用，并明确告知客户收费标准。

3）告知客户需要由寄件客户本人填写撤回申请单，同时签字、盖章。

4. 快件赔偿

客户在使用快递服务的过程中，如果发生快件延误、丢失、短少、损毁等情况，致使快件失去部分或全部价值时，客户有权向快递企业索赔。

快件的赔偿在客户提出申请的阶段称为客户索赔，快递企业在接受了客户的索赔申请之后，赔付的阶段称为快件赔偿。快件索赔流程如图 2-22 所示。

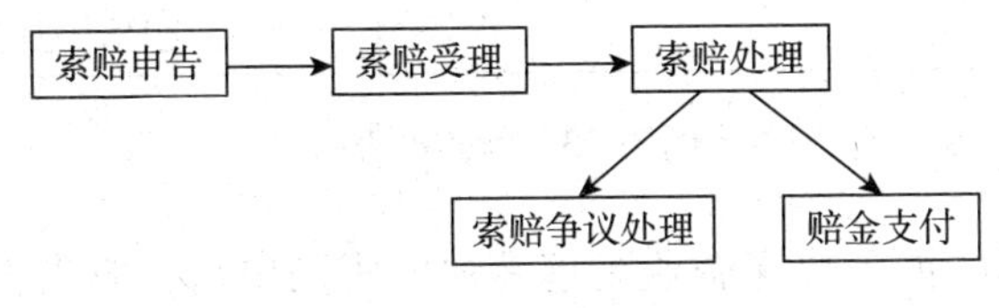

图 2-22　快件索赔流程

（1）索赔申告

客户在遇到问题需要索赔时，一般是通过快递企业的快递员或拨打客户服务电话，将索赔需求告知快递企业。快递企业在接到客户申请后，应首先记录客户的需求，并指导客户填写索赔申告书（见图 2-23），或是直接记录客户索赔的相关信息后制作成索赔申告书。

索赔申告书一般包括：快件运单号码，寄件人姓名、地址、联系方式，寄递物品名称，索赔原因，索赔金额等。

（2）索赔受理

快递企业应在收到客户的索赔申告 24 h 内，答复客户是否受理

索赔申告书

快件运单号码：××××201101010　　××快递投诉电话：400800×××　　档案编号：cn8707 0001

致 ×××× 快递公司：

××× 在 2023 年 9 月 3 日经 北京 发往 深圳 的运单号码为 ××××201101010 快件，寄递物品为 羽绒服 ，数量 一件 ，因 损毁 （延误、丢失、短少、损毁），特向贵司提出索赔申请，申请索赔金额 800 元（人民币大写捌佰元整），请予以核实并尽快处理。

索赔详情：此寄递物品为××品牌女款红色羽绒服一件，在通过贵司投递过程中，由于贵司原因造成此件损毁。深圳收件客户收到后发现外包装潮湿，且羽绒服肩膀和后背位置均出现撕裂情况，现此羽绒服已丧失使用价值，故向贵公司提出索赔申请。

企业（申请人）名称：×××

联系人姓名：×××

联系人联系方式：13×××××××××

申告日期：2023年9月18日

图 2-23　索赔申告书

其索赔申请。如果快递企业受理客户的索赔申请，应当告知客户需要准备的相关资料，如快件运单的客户存根联、寄递物品的相关发票等。

如果快递企业无法受理客户的索赔需求，须明确告知无法受理的具体原因；如果客户与快递企业无法达成一致，客户可以依法选择投诉、申诉、仲裁、诉讼等方式解决。

（3）索赔处理

当客户的快件发生延误、丢失、短少、损毁等情况时，索赔处理一般分以下两种情况。

1）快件发出时客户与快递企业有事先约定的，按照约定情况执行。

例如，客户张先生在快件发出前曾与快递企业书面约定，如果快件在寄出后发生损毁但不丢失，不追究快递企业责任。

2）快件发出前客户没有与快递企业约定的，按以下方式处理。

①快件延误。延误的赔偿应免除本次服务费用（不含保价等附加费用），由于延误导致寄递物品直接价值丧失，应按照快件丢失或损毁赔偿。

例 1：一票寄递物品为衣服的快件，服务费为 38 元，价值 2 500 元，保价费为 25 元。如果此快件因快递企业责任而发生延误，快递企业只需退还 38 元的服务费用，因为快件并未遗失，所以 25 元的保价费无须退还。

例 2：一票价值为 1 000 元的音乐会门票快件，从上海寄往北京，快递企业收取快件服务费 30 元，客户保价 1 000 元，快递企业另收取保价费 10 元。如果此快件因快递企业责任而发生延误，并导致门票过期，则快递企业应先退还客户 30 元的服务费，然后赔偿客户 1 000 元的损失。

②快件丢失。快件丢失赔偿主要包括：快件发生丢失时，免除本次服务费用（不含保价等附加费用）；购买保价（保险）的快件，快递企业按照保价（保险）金额进行赔偿；对于没有购买保价（保险）的快件，按照《邮政法》《中华人民共和国民法典》等相关法律的规定赔偿；造成用户其他损失的，按照相关民事法律、法规赔偿。

③快件损毁。快件损毁赔偿主要包括：完全损毁，即快件价值完全丧失，参照快件丢失赔偿的规定执行；部分损毁，即快件价值部分丧失，依据快件丧失价值占总价值的比例，按照快件丢失赔偿额度的相同比例进行赔偿。

④内件不符。内件不符赔偿主要包括：内件品名与寄件人填写品名不符，按照完全损毁赔偿；内件品名相同，数量和重量不符，按照部分损毁赔偿。

快递企业除了与寄件人有特殊约定外，应不超过索赔处理时限：同城和国内异地快件为 30 个日历天；港澳台快件为 30 个日历天；国际快件为 60 个日历天。

如果客户选择了保价，则根据客户保价金额以及物品损失情况，对快件进行赔偿；如果快件未进行保价，则由快递企业与客户协商解决。

（4）索赔争议处理

寄件人与快递企业就是否赔偿、赔偿金额或赔金支付等问题可先行协商，协商不一致的，可依法选择投诉、申诉、仲裁、诉讼等方式。在快件索赔和赔偿过程中，应注意以下事项。

1）由于客户的责任或者所寄物品本身的原因造成快件损失的，快递企业不承担赔偿责任。

2）由于不可抗力因素造成快件损失的，快递企业不承担赔偿责任（保价快件除外）。

3）客户自交寄快件之日起满 1 年未查询又未提出赔偿要求的，快递企业不承担赔偿责任。

4）快件赔付的对象应为寄件人或寄件人指定的受益人。

（5）赔金支付

快递企业与寄件人就赔偿金额达成一致后，应在 7 个日历天内向寄件人或寄件人指定的受益人支付赔金。同时，客户签署收到，快递企业予以备案。

六、逆向快件收寄

逆向快件目前主要出现于电子商务快件中，是指卖家客户委托快递企业将快件从买家用户指定所在地送达卖家所在地的过程。逆向快件一般由卖家客户推动，快递费用可由卖家客户与快递企业统一集中结算；或者先由买家客户支付快递费用，卖家收到快件后，给予买家一定的快递费用补贴。逆向快件收寄过程需要卖家客户与快递企业双方采用强大的 ERP 对接系统支持。

1. 逆向快件的主要模式

逆向快件一般包括退货和回收快件两类，涉及退货申请、检验、分类、维修、更换、退款，或者回收、再利用、残次品处理等系列问题，包括以下主要模式。

（1）自主经营模式，即电商企业自主经营快递企业或回收业务，完成商品的收集处理、再利用和废弃处理，如常见的出版社和图书馆模式；同时，B2C 电商中常见的还有制造商模式和在线商家模式。

（2）外包快递企业模式，即电商将退货与回收快件委托第三方快递企业处理的模式。

（3）协作经营模式，既可以是电商部分自营与部分外包的协作结合，也可以是电商或快递企业与区域或城市的专业逆向快件平台企业合作，共享信息或委托业务操作的模式。

2. 逆向快件的特点

逆向快件与正向快件的共同点在于都具有包装、装卸、运输、分拣、封发等过程。但是，与正向物流相比，逆向物流又具有鲜明的特殊性。

（1）分散性

逆向快件产生的地点、时间、重量和数量是难以预见的，可能产生于生产领域、流通领域或生活消费领域，涉及任何领域、任何部门、任何个人，在社会的每个角落都在不停地发生，正是这种多元性使其具有分散性。

（2）缓慢性

一般情况下，逆向快件数量少、种类多，只有不断汇集才能形成较大的流动规模。废旧物资的产生往往不能立即满足人们的某些需要，它需要经过加工、改制等环节，甚至只能作为原料回收使用，这一系列过程需要较长的时间。同时，废旧物资的收集和整理也是一个较复杂的过程。这一切都决定了废旧物资具有缓慢性这一特点。

（3）混杂性

回收产品在进入逆向快件系统时往往难以进行具体划分，因为不同种类、不同状况的废旧物资常常是混杂在一起的。当回收产品经过检查、分类后，逆向快件的混杂性会随着废旧物资的产生而逐渐衰退。

（4）多变性

由于逆向快件的分散性及买家对退货、产品召回等回收政策的使用，有的企业很难控制产品的回收时间与空间，这就导致了多变性。

3. 逆向快件的收寄流程

（1）买家提出退货申请，与卖家达成一致。

（2）买家联系快递员，准备退货的快件及相关单据。

（3）快递员按约定时间上门收件，验视快件。如果符合寄递要求，进行包装、贴单并收取快递费；如果不符合要求，则不予收寄。

七、快件运输方式

1. 航空运输

快件的航空运输是利用飞机进行快件位移的现代化运输方式。随着全球经济一体化时代的到来，国内各大快递企业纷纷上市，建立了大量航空转运中心，采用自有货机运输快件将日趋普遍。

（1）航空运输的优点

1）航空运输速度快，一般在 800～900 km/h，在长距离运输快件方面有明显的速度优势。

2）航空运输具有破损率低、安全性好的优点。航空运输的地面操作流程各环节比较严格，管理制度比较完善，降低了快件的破损率和遗失率。

（2）航空运输的缺点

飞机造价高、能耗大、运输能力小、成本很高、技术复杂。

航空运输一般适用于长距离的省际及国际快件，适合运载体积重量小、价值高的限时快件，以及生鲜类等对时限要求高的快件。

2. 公路运输

快件的公路运输是以高速公路、国道等为运输线，利用汽车等陆路运输工具，进行快件位移的运输方式。

（1）公路运输的优点

机动灵活、简捷方便；在短途快件集散运送上具有优越性；中转环节少，快件损耗少；能够实现快件“门到门”的运输，其他各种运输方式都要依赖公路运输完成两端的运输任务。

（2）公路运输的缺点

汽车运输能力小；运输能耗、运输成本仅比航空运输低。

公路运输一般适用于近距离、小批量的省内快件，以及航空、铁路运输中难以到达地区的长途、大批量快件，也可以作为铁路、航空运输的末端衔接。

3. 铁路运输

快件的铁路运输是利用普通铁路、动车、高铁等进行快件位移的运输方式。

（1）铁路运输的优点

运行速度比公路运输快，高铁行驶速度一般在 200 km/h 以上；运载能力大、成本低；受天气等自然条件的限制较小，能保证全年运行。

（2）铁路运输的缺点

受轨道线路的限制，铁路运输具有局限性，末端需要汽车配合转运。

铁路运输一般适用于中长距离、大运量、时间性强、可靠性要求高的快件。

4. 水路运输

水路运输通常包括海洋运输和内河运输。水路运输虽然具备载运量大、费用低廉等优点，但由于其速度慢，与快递要求“快”的特点相背离，因此水路运输在快件运输过程中基本没有被采用。

5. 各种运输方式在快递领域中的应用

快递企业对运输方式的选择是根据企业实际的运力资源，综合考虑快件时效和运输成本两个主要因素后决定的。

（1）始发地离目的地距离较近（通常不超过 1 000 km）的快件，一般使用公路运输方式。因为使用航空运输需要耗用集散快件的时间，在短途运输方面不能突显速度优势，而公路运输既可以保证快件时效，又可以降低运输成本。

（2）始发地离目的地距离较远（通常超过 1 000 km）的快件，如果快件时效要求高，则采用航空运输，通过高成本实现高时效；如果快件时效要求较低，则采用公路运输或铁路运输，在快件数量和运输距离相同的情况下，铁路运输通常比公路运输成本低，但是不如公路运输灵活。

模块 3　收寄验视

一、收寄验视的内容及要求

收寄验视是指快递员接收用户寄递的快件时，查验快件是否符合禁止寄递、限制寄递的规定，以及用户在快递运单上所填写的内容是否与其寄递物品的名称、类别、数量等相符的行为。快递员应在用户在场的情况下，当面验视寄递物品。对于个人用户寄递物品，或发现疑似禁止寄递和限制寄递的物品，应当逐一验视。受用户委托，长期、批量提供快递服务的，应当采取抽检的方式验视快件的内件。依照国家规定需要用户提供有关书面凭证的，应当要求用户提供凭证原件，核对无误后，方可收寄。拒绝验视或者拒不提供相应书面凭证的，不予收寄。

1. 收寄验视的内容

（1）用户填写的快递运单或者快递运单上印制的信息是否完整、清楚。

（2）用户填写的物品名称、类别、数量是否与寄递的实际物品相符。

（3）用户寄递的物品及使用的封装材料、填充材料是否属于禁止寄递的物品。

（4）用户寄递的限制寄递物品是否超出规定的范围。

（5）用户是否按照法律、行政法规的规定出示身份证件或者其他书面凭证。

（6）快件的封装是否满足寄递安全需要。

（7）其他需要验视的内容。

2. 收寄验视的基本要求

寄件人应如实申报所寄递的物品，快递员应根据申报内容对交寄的物品、包装物、填充物等进行实物验视。

（1）在收寄现场对用户交寄的物品进行验视，具备条件的可以在视频监控下验视。

（2）在验视时，宜由寄件人打开封装。

（3）重点查验用户交寄的物品、包装物、填充物是否符合国家关于禁止寄递、限制寄递的规定以及是否与快递运单上所填报的内容相符。

（4）在验视时，快递员应注意人身安全，不能直接嗅闻或用手触摸不明液体、粉末、胶状物等。

（5）对交寄物品内有夹层的，应逐层清查；对于一票多件的快件，应逐件清查。

（6）在验视后，如果客户提出再次核实寄递物品，应在客户最终确认寄递物品后，再次进行验视。

（7）特殊地区应采用安检机进行检验。

（8）在验视后，应以加盖验视章等方式做出验视标识，记录验视人员姓名或者工号，并与客户一起当面封装。

3. 不予收寄情况

有下列情形之一的，不予收寄。

（1）用户拒绝当面验视的。

（2）用户填写的快递运单信息不完整的。

（3）用户在快递运单上填写的信息与其交寄的实物不符或者填写的信息模糊，并且拒绝修改或者拒绝重新填写的。

（4）用户寄递禁止寄递物品或者使用的封装材料、填充材料属于禁止寄递物品，或者在内件物品、封装材料、填充材料中夹带禁止寄递物品的。

（5）用户未按照法律、行政法规的规定出示身份证件或者其他书面凭证的。

（6）用户寄递限制寄递的物品超出规定范围的。

（7）用户寄递的快件不符合储存、转运安全要求的。

（8）快递企业依法要求用户开拆所交寄的信件，用户拒绝开拆的。

（9）法律、行政法规和国家规定的其他情形。

二、实名收寄

1. 实名收寄的概念

实名收寄是指寄递运营单位在收寄邮件、快件时，应当核对寄件人、代寄人的有效身份证件，并如实登记其证件信息。有效身份证件包括：

（1）居民身份证、临时居民身份证或者户口簿。

（2）中国人民解放军军人身份证件、中国人民武装警察身份证件。

（3）港澳居民来往内地通行证、台湾居民来往大陆通行证或者其他有效旅行证件。

（4）外国公民护照。

（5）法律、行政法规和国家规定的其他有效身份证件。法人或者其他组织寄递快件，由指定经办人出示其本人有效身份证件，或者出示营业执照副本、事业单位法人证书、社会团体法人登记证书、组织机构代码证。

部分有效身份证件如图 2-24 所示。

图 2-24　有效身份证件

2. 实名收寄适用情形

（1）寄往国家重大活动举办区域或者在该区域收寄的快件。

（2）在车站、酒店、广场等人员流动的公共场所收寄的快件。

（3）内件属于国家限制寄递物品的快件。

（4）国务院邮政管理部门规定的其他情形。

3. 实名收寄程序

寄件人寄递快件，应当如实填写快递运单，并出示本人有效身份证件。快递运单应当包括寄件人、收件人的姓名或者单位名称等身份信息、地址、联系电话；寄递物品的名称、属性、数量。快递员应当核对快递运单所填写的客户姓名或单位名称、地址等身份信息与证件信息是否一致，并登记证件信息以备查。如果发现寄件人填写的快递运单不完整或者所填信息与本人有效身份证件不相符的，不得收寄。

（1）网络下单核对程序

寄件人通过互联网下单寄递快件的，快递企业应当提供完整的身份信息注册服务。寄件人登录下单后，快递员上门取件时，应当要求用户出示有效身份证件，核对电子运单所记载的客户姓名或者单位名称等身份信息是否与证件信息一致。

（2）代寄核对程序

寄件人委托他人代寄快件的，应当在快递运单上如实填写委托人的身份信息以及其他寄递信息，代寄人应当出示本人有效身份证件以及委托人的有效身份证件。快递企业应当核对快递运单所填写的客户姓名或单位名称等身份信息与有效身份证件是否一致，并登记代寄人与委托人的证件信息以备查。

三、禁止寄递物品

禁止寄递物品（简称禁寄物品），主要包括危害国家安全、扰乱社会秩序、破坏社会稳定的各类物品；危及寄递安全的具有爆炸性、易燃性、腐蚀性、毒害性、感染性、放射性等的各类物品；法律、行政法规以及国务院和国务院有关部门规定禁止寄递的其他物品。

1. 常见禁寄物品

（1）枪支、弹药（见图 2-25）

1）枪支（含仿制品、主要零部件），如手枪、步枪、冲锋枪、防暴枪、气枪、猎枪、运动枪、麻醉注射枪、钢珠枪、催泪枪等。

2）弹药（含仿制品），如子弹、炸弹、手榴弹、火箭弹、照明弹、燃烧弹、烟幕（雾）弹、信号弹、催泪弹、毒气弹、地雷、手雷、炮弹、火药等。

图 2-25　常见枪支、弹药

（2）管制器具（见图 2-26）

1）管制刀具，如匕首、三棱刮刀、带有自锁装置的弹簧刀（跳刀）、其他相类似的单刃、双刃、三棱尖刀等。

2）其他，如弩、催泪器、电击器等。

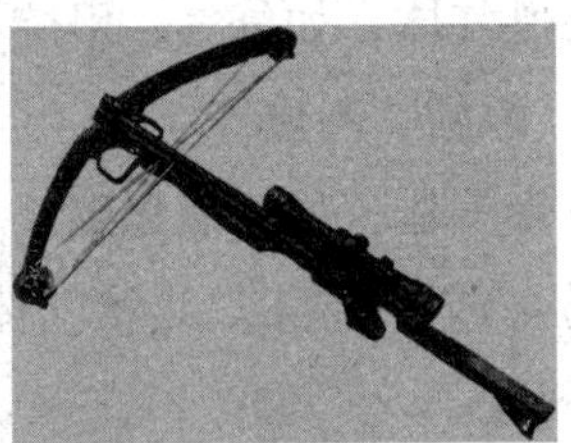

图 2-26　常见管制器具

（3）爆炸物品（见图 2-27）

图 2-27　常见爆炸物品

1）爆破器材，如炸药、雷管、导火索、导爆索、爆破剂等。

2）烟花爆竹，如烟花、鞭炮、摔炮、拉炮、砸炮、彩药弹等烟花爆竹及黑火药、烟火药、发令纸、引火线等。

3）其他，如推进剂、发射药、硝化棉、电点火头等。

（4）压缩和液化气体及其容器（见图 2-28）

图 2-28　常见压缩和液化气体及其容器

1）易燃气体，如氢气、甲烷、乙烷、丁烷、天然气、液化石油气、乙烯、丙烯、乙炔等。

2）有毒气体，如一氧化碳、一氧化氮、氯气等。

3）易爆或者窒息、助燃气体，如压缩氧气、氮气、氦气、氖气、气雾剂等。

（5）易燃液体（见图 2-29），如汽油、柴油、煤油、桐油、丙酮、乙醚、油漆、生漆、苯、酒精、松香油等。

汽油　　机油　　酒精

乳胶漆　　聚酯漆　　硝基漆

图 2-29　常见易燃液体

（6）易燃固体、自燃物质、遇水易燃物质（见图 2-30）

硫黄　　活性炭

黄磷　　白磷　　镁粉

图 2-30　常见易燃固体、自燃物质、遇水自燃物质

1）易燃固体，如红磷、硫黄、铝粉、闪光粉、固体酒精、火柴、活性炭等。

2）自燃物质，如黄磷、白磷、硝化纤维（含胶片）、钛粉等。

3）遇水易燃物质，如金属钠、钾、锂、锌粉、镁粉、碳化钙（电石）、氰化钠、氰化钾等。

（7）氧化剂和过氧化物（见图2-31），如高锰酸盐、高氯酸盐、氧化氢、过氧化钠、过氧化钾、过氧化铅、氯酸盐、溴酸盐、硝酸盐、过氧化氢（双氧水）等。

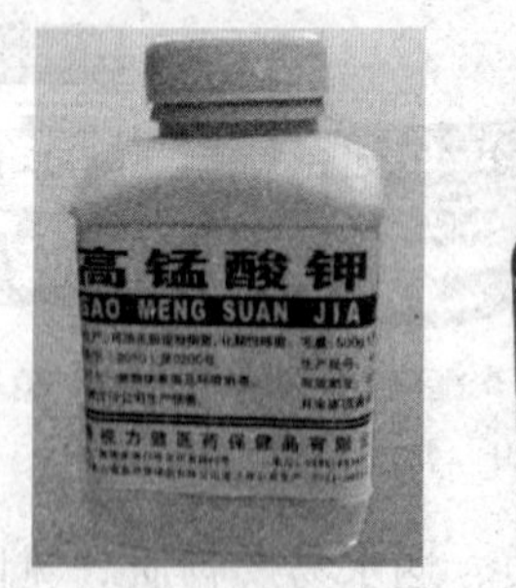

图2-31　常见氧化剂和过氧化物

（8）毒性物质（见图2-32），如砷、砒霜、汞化物、铊化物、氰化物、硒粉、苯酚、汞、剧毒农药等。

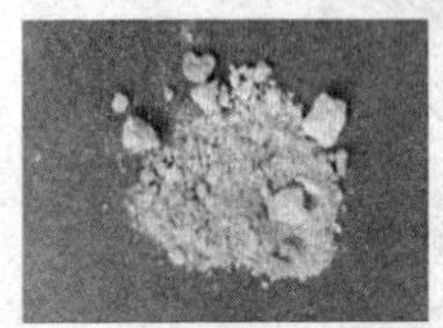

砒霜

铊化物

农药

图2-32　常见毒性物质

（9）生化制品，传染性、感染性物质，如病菌、炭疽、寄生虫、排泄物、医疗废弃物（见图2-33）、尸骨、动物器官、肢体、未经硝制的兽皮、未经药制的兽骨等。

（10）放射性物质（见图2-34），如铀、钴、镭、钚等。

图 2-33　医疗废弃物

铀

钴

图 2-34　常见放射性物质

（11）腐蚀性物质（见图 2-35），如硫酸、硝酸、盐酸、蓄电池（蓄电池补充液）、氢氧化钠、氢氧化钾等。

硫酸

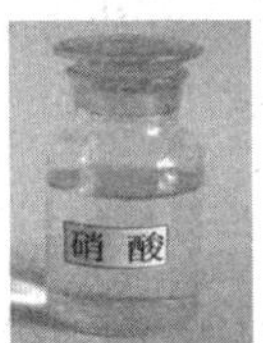

硝酸

盐酸

蓄电池

蓄电池补充液

图 2-35　常见腐蚀性物质

（12）毒品、非正当用途麻醉药品和精神药品、非正当用途易制毒化学品及吸毒工具

1）毒品、麻醉药品和精神药品（见图 2-36），如鸦片（包括罂粟壳、花、苞、叶）、吗啡、海洛因、可卡因、大麻、甲基苯丙胺（冰毒）、氯胺酮、甲卡西酮、苯丙胺、安钠咖等。

鸦片（包括罂粟壳、花、苞、叶） 海洛因 吗啡

可卡因 大麻 冰毒

图 2-36 常见毒品、麻醉药品和精神药品

2）易制毒化学品，如胡椒醛、黄樟素、黄樟油、麻黄素、伪麻黄碱、羟亚胺、邻酮、苯乙酸、溴代苯丙酮、醋酸酐、甲苯、丙酮等。

3）吸毒工具，如冰壶等。

（13）非法出版物、印刷品、音像制品等宣传品，如含有反动、煽动民族仇恨、破坏国家统一、破坏社会稳定、宣扬邪教、宗教极端思想、淫秽等内容的图书、刊物、图片、照片、音像制品等。

（14）间谍专用器材，如暗藏式窃听器材、窃照器材、突发式收发报机、一次性密码本、密写工具、用于获取情报的电子监听和截收器材等。插板式窃听器如图 2-37 所示，无线针孔摄像机如图 2-38 所示。

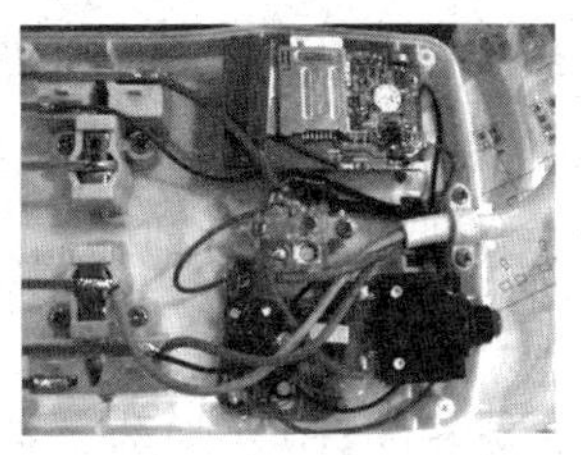

图 2-37　插板式窃听器

图 2-38　无线针孔摄像机

（15）非法伪造物品，如伪造或者变造的货币、证件、公章等。

（16）侵犯知识产权和假冒伪劣物品

1）侵犯知识产权物品，如侵犯专利权、商标权、著作权的图书、音像制品等。

2）假冒伪劣物品，如假冒伪劣的食品、药品、儿童用品、电子产品、化妆品、纺织品等。

（17）濒危野生动物及其制品，如象牙、虎骨、犀牛角及其制品等，如图 2-39 所示。

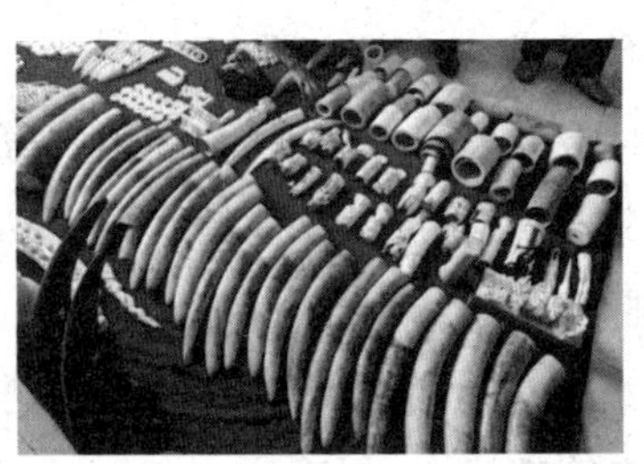

图 2-39　濒危野生动物及其制品

（18）禁止进出境物品，如有碍人畜健康的、来自疫区的以及其他能传播疾病的食品、药品或者其他物品；内容涉及国家秘密的文件、资料及其他物品。

（19）其他物品，即《危险化学品目录》《民用爆炸物品品名表》《易制爆危险化学品名录》《易制毒化学品的分类和品种目录》

《中华人民共和国禁止进出境物品表》载明的物品和《人间传染的病原微生物目录》载明的第一类、第二类病原微生物等，以及法律、行政法规、国务院和国务院有关部门规定禁止寄递的其他物品。

2. 禁寄物品处理办法

（1）发现各类枪支（含仿制品、主要零部件）、弹药、管制器具等物品的，应当立即报告公安机关。

（2）发现各类毒品、易制毒化学品的，应当立即报告公安机关。

（3）发现各类爆炸品、易燃易爆等危险物品的，应当立即疏散人员、隔离现场，同时报告公安机关。

（4）发现各类放射性、毒害性、腐蚀性、感染性等危险物品的，应当立即疏散人员、隔离现场，同时视情况报告公安、环境保护、卫生防疫、安全生产监督管理等部门。

（5）发现各类危害国家安全和社会稳定的非法出版物、印刷品、音像制品等宣传品的，应当及时报告国家安全、公安、新闻出版等部门。

（6）发现各类伪造或者变造的货币、证件、印章以及假冒侵权等物品的，应当及时报告公安、工商行政管理等部门。

（7）发现各类禁止寄递的珍贵、濒危野生动物及其制品的，应当及时报告公安、野生动物行政主管等部门。

（8）发现各类禁止进出境物品的，应当及时报告海关、国家安全、出入境检验检疫等部门。

（9）发现使用非机要渠道寄递涉及国家秘密的文件、资料及其他物品的，应当及时报告国家安全机关。

（10）发现各类间谍专用器材或者疑似间谍专用器材的，应当及时报告国家安全机关。

（11）发现其他禁寄物品或者疑似禁寄物品的，应当依法报告相关政府部门处理。

常见航空禁寄物品标志如图 2-40 所示。

图 2-40　常见航空禁寄物品标志

四、限制寄递物品

限寄是指国家为适应控制某些物品流通和保护某些物品特许经营权的需要，对一些物品的寄递限定在一定范围内。限寄规定是本着既照顾和方便客户的合法需要和正常往来，又限制走私、倒卖等违法行为而制定的。限定的范围包括价值上的限制（限值）和数量上的限制（限量）。限值和限量的规定会根据海关或国家临时情况变化而有所变更，具体内容以海关最新公布的限值和限量要求为准。

1. 我国限制寄递出境的物品

（1）金银等贵重金属及其制品。

（2）国家货币。

（3）外币及有价证券。

（4）无线电收发信机、通信保密机。

（5）贵重中药材。

（6）一般文物（1975 年后的，可以在文物商店出售的文物）。

（7）海关限制出境的其他物品。

2. 我国限制寄递进境的物品

（1）无线电收发信机、通信保密机。

（2）烟、酒。

（3）濒危的和珍贵的动物、植物（均含标本）及其种子和繁殖材料。

（4）国家货币。

（5）海关限制进境的其他物品。

3. 我国海关对限制寄递物品的限量和限值规定

（1）限量规定

根据限量的有关规定，在国内范围互相寄递的物品，如卷烟、雪茄烟，每件以两条（400 支）为限，两种合寄时也限制在 400 支以内。寄递烟丝、烟叶每次均各以 5 kg 为限，两种合寄时也限制在 10 kg 以内。每人每次限寄一件，不准一次多件或多次交寄。

（2）限值规定

对于寄往港澳台地区及国外的物品，除须遵守限量规定外，还应遵守海关限值的有关规定。

个人寄自或寄往港澳台地区的物品，每次限值为 800 元人民币；寄自或寄往其他国家和地区的物品，每次限值为 1 000 元人民币。个人邮寄进出境物品超出规定限值的，应办理退运手续或者按照货物规定办理通关手续。但邮包内仅有一件物品且不可分割的，虽超出规定限值，经海关审核确属个人自用的，可以按照个人物品规定办理通关手续。

如果寄达国（或地区）对某些寄递物品有限量、限值的规定，应当按照寄达国（或地区）的规定办理。

模块 4　快件包装与计费

一、快件包装

1. 快件包装的作用和原则

包装是指按一定技术方法，采用包装材料等将物品进行包封，并予以适当的封装和标识的工作。包装在快件运输、中转的过程中可以起到保护寄递物品、方便操作的作用。快递企业应预先准备客户在寄递快件过程中所使用的包装材料和辅助物品。

包装是否符合要求对保证快件安全、准确、迅速地传递起着极为重要的作用。尤其是流质和易碎的物品，如果包装不妥，不但快件自身容易损坏，而且还会污损其他快件，甚至危及工作人员的安全。判断包装是否牢固，主要看经过包装后的快件是否能够经受长途运输和正常的碰撞、摩擦、振荡、挤压以及气候变化而不致损坏。因此，一定要根据物品的性质、大小、轻重、寄递路程以及运输情况等，选用适当的包装材料对快件进行妥善包装。

（1）快件包装的作用

1）保护功能。这是包装最基本的功能。包装不仅要保护快件的物理性能，如防冲击、防振动、耐压等，也要防止快件发生各种化学变化以及其他方面的损坏。

2）推广功能。包装好坏不仅会体现快递企业的性质与经营特点，而且体现快递产品的内在品质，应满足不同消费者的审美要求。环保包装材料的选用更是可以向客户传达快递企业的社会责任意识。

【案例 2–3】

不规范包装的后果

张先生的弟弟在外地上大学，五一过后，弟弟由于急于返校，匆忙中忘记携带手机，于是给张先生打电话请哥哥将手机寄给他。不经常使用快递业务的张先生拨通了快递公司的电话，他担心手机在运输途中被压坏，于是用多张报纸对手机进行了缠绕，然后将手机装进了一个纸盒。

大约一小时后，某快递公司的快递员来到了张先生的办公室，取走了快件。几天后，张先生接到了弟弟的电话，被告知手机屏幕碎了。

案例分析：手机属于易碎物品，包装应首先选用海绵块或气泡膜等具有缓冲作用的填充材料，包裹后应放入质地坚硬的包装盒。报纸质地脆硬，缠绕包装手机后，起不到缓冲的作用，在外力的挤压或撞击下，手机容易损坏。

通过以上案例可以看出正确包装快件的重要性。因此，快递员在收取快件时，应对快件包装进行检查，并对不规范的包装及时提出合理的建议。

（2）快件包装的原则

1）适合运输原则。快件包装应坚固、完好。能够防止快件在运输过程中发生包装破裂、内物漏出和散失；能够防止因摆放、摩擦、振荡或因气压、气温变化而引起的快件损坏或变质；能够防止伤害工作人员或污染运输设备、地面设备及其他快件。

例如，在包装 10 本汉语词典时，应选取材质硬、强度大的瓦楞纸箱，并且使用“井”字形打包法进行打包。如果使用的包装箱材质偏软，在搬运环节中可能会导致快件的外包装破裂、纸箱散落等。如果出现此类情形，不但无法保证快件安全，而且会给运输带来不便。

2）便于装卸原则。包装材料除了要适应快件的性质、状态和重量外，还要整洁、干燥，没有异味和油渍，包装外表面不能有突出的钉、钩、刺等，以便于搬运、装卸和摆放。否则，不但会在装卸过程中给操作带来不便，还可能会伤害工作人员。

例如，在包装约 80 kg 的 40 套衣服时，应将每箱衣服的重量控制在 20 kg 左右，分成 4 箱包装。若将 40 套衣服都装在一个箱子里，既增加了打包的难度，又不容易装卸。

3）适度包装原则。根据快件尺寸、重量和运输特性选择合适大小的外包装及填充物，包装不充分或过度包装都不可取。包装不充分容易造成快件损坏，过度包装会造成包装材料浪费。

例如，在包装相机镜头时，如果仅使用单层气泡膜缠绕，则属于典型的包装不足，极易导致镜头在运输途中损坏；又如，在包装无气打火机时，使用大量的气泡膜将打火机进行包裹，然后放入纸箱，再使用过多的泡沫进行填充，则属于明显的包装材料浪费。

4）安全防盗原则。在保证寄递物品完好无损的情况下，快件包装要注意防盗，尤其是对高价值快件的包装。

例如，寄递快件时，寄件人可以在快件外包装封口处或快件全部外表面粘贴有本公司标识的胶带，以达到快件包装无法被复制的目的，保证快件包装一旦破损便无法复原。

2. 快件包装限度

（1）快件包装重量限度

重量限度是指对单件快件所规定的最高重量限制。目前，在快件收寄、处理、派送过程中，搬运装卸工作大部分都由人工完成，自动化水平较低。为体现“快”的特性，同时考虑到保护劳动者的健康、安全，快件在重量上不宜超出单人搬运能力的范围。《快递服务》（YZ/T 0128）规定：快件的单件重量不宜超过 50 kg（见图 2-41）。

图 2-41　单件快件限重

（2）快件包装规格限度

在包装快件时，除了要考虑重量的限制（计算得出的体积重量也不宜超过 50 kg）以外，还需要考虑快件运输所使用的运输工具的限制。由于快递运输区域跨度较大，快件可能会经过公路、铁路、航空等多种运输方式，因此需要进行综合分析考虑，快递员一般应按照最严格的规格限制条件考虑是否收取快件。

根据《快递服务》（YZ/T 0128）规定：快件的单件包装规格，任何一边的长度都不宜超过 150 cm，长、宽、高三边长度之和不宜超过 300 cm，如图 2-42 所示。

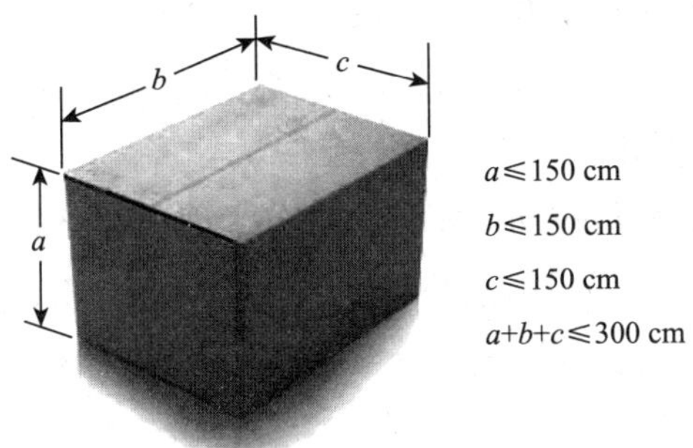

图 2-42　快件包装规格限度

1）航空快件规格。对于航空快件，应根据航班机型及始发站、中转站和目的站机场的设备条件、装卸能力，确定可以收寄快件的最大尺寸和重量。

①最大规格。非宽体飞机载运的快件，单件快件重量一般不超过 80 kg，体积一般不超过 40 cm×60 cm×100 cm。宽体飞机载运的快件，单件快件重量一般不超过 250 kg，体积一般不超过 100 cm×100 cm×140 cm。快件重量或体积如果超过以上标准，快递企业可以根据具体机型以及出发地和目的地机场的装卸设备条件，确定该快件是否可以收寄。

②最小规格。单件快件的长、宽、高之和不得小于 40 cm。若低于以上标准，快递企业需要对快件进行加大包装处理。

2）铁路快件规格。铁路快件运输所承运的快件，单件体积以适于装入旅客列车行李车为限，但根据《铁路货物运输规程》规定，按零担托运的货物，单件体积最小不得小于 0.02 m^3（单件重量在 10 kg 以上的除外）。

快件的体积不得超出铁路货车车厢的规格，确定铁路运输快件最大尺寸时，还须考虑扣除车门尺寸。

3）公路快件规格。快件的公路运输通常是使用货车，根据货量大小选择不同吨位的货位，确定快件尺寸规格时须考虑与货车尺寸相匹配。

3. 快件包装材料

快件的包装材料按功能不同主要分为外包装材料和内部填充材料。外包装材料主要包括包装袋、包装盒、包装箱、包装桶等；内部填充材料主要包括气泡膜、海绵块、泡沫板、珍珠棉等。

（1）包装袋

包装袋一般是筒管状结构，一端预先封死，在包装结束后再封装另一端。包装袋按照尺寸可以分为以下三种类型。

1）集装袋。这是一种大容积、高强度的运输包装袋，盛装重量为 10~50 kg。

2）一般运输包装袋。这类包装袋的盛装重量是 5~10 kg，大部分是由植物纤维或合成树脂纤维纺织而成的。

3）小型包装袋（见图 2-43），又称普通包装袋。这类包装袋的盛装重量较少，通常用单层材料或双层材料制成。某些具有特殊要求的包装袋也有用多层不同材料复合制成的。

图 2-43　小型包装袋

（2）包装盒

包装盒（见图 2-44）是介于刚性包装和柔性包装之间的一种包

装。此类包装材料具有一定的抗压强度且相对不易变形。包装盒一般是具有规则几何形状的立方体，也可以裁制成其他形状，如圆盒状、尖角状，一般容量较小，有开封装置。包装操作一般采用码入或装填，然后将开封装置闭合。包装盒适合包装块状及各种异形物品，包装量不大，不适合做运输包装。在快递包装过程中，包装盒一般用于快件的内包装。

化妆品彩盒

面膜彩盒

茶叶包装盒

图 2-44　包装盒

例如，客户在批量发送手表时，会先将单只手表包装后放入小包装盒，然后对包装后的小包装盒进行合理的填充包装，再装入大包装箱，以达到安全运输的目的。

包装盒的种类和材质有很多，下列是常见的包装盒种类和材质。

1）木质包装盒：茶叶盒、首饰盒等。

2）铁质包装盒：月饼盒、珠宝盒等。

3）塑料包装盒：眼镜盒、VCD 包装盒等。

（3）包装箱

包装箱是刚性包装技术中的一类重要包装材料。一般为刚性或半刚性，有较高抗压强度且不易变形。包装箱结构和包装盒相同，两者通常以 10 L（m^3）为分界。包装操作主要为码放，然后将开闭装置闭合或将一端固定封死。包装箱抗变形能力强，包装量也较大，适合做运输包装。在快递包装过程中，包装箱一般作为外包装使用。

常见包装箱有以下三种。

1）瓦楞纸箱（见图 2-45）。瓦楞纸箱是用瓦楞纸板制成的箱形容器。按外形结构分为折叠式瓦楞纸箱、固定式瓦楞纸箱和异形瓦楞纸箱三种。瓦楞纸箱是目前快件递送过程中最为常用的包装之一，广泛用于高档服装、电子配件等快递产品的包装。一般来说，使用足够硬的瓦楞纸箱和有效的填充材料，就可以保证寄递物品在运输途中的安全。

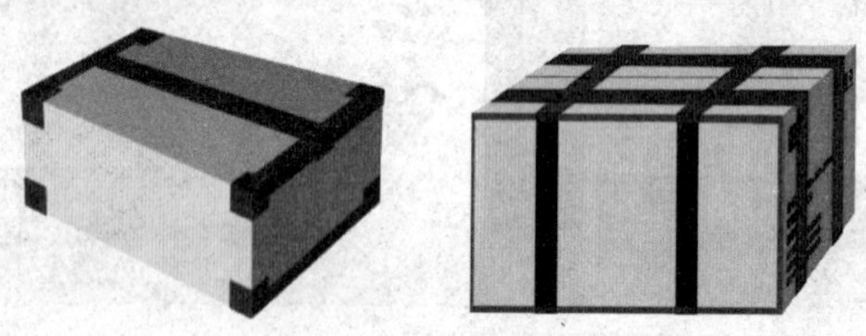

图 2-45　瓦楞纸箱

2）木箱。木箱是流通领域中常用的一种包装容器，其用量要少于瓦楞纸箱。木箱主要有木板箱、框板箱、框架箱三种，如图 2-46 所示。

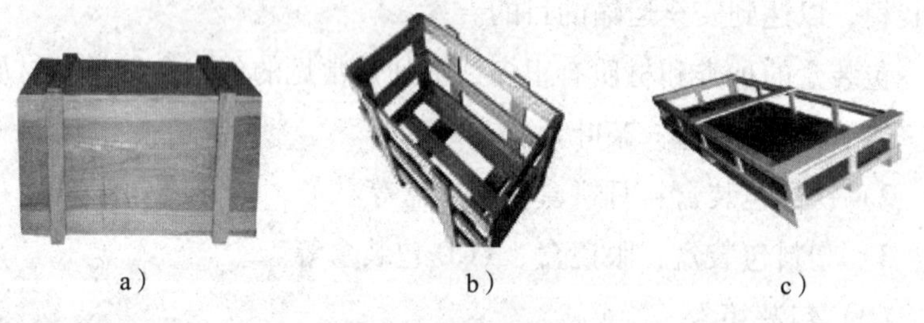

a）　　b）　　c）

图 2-46　木箱

a）木板箱　b）框板箱　c）框架箱

①木板箱。木板箱一般用作小型运输包装容器，能装载多种性质不同的物品。木板箱作为运输包装容器具有很多优点：有抵抗碰裂、溃散、戳穿的性能，有较强的耐压能力，能承受较大负荷，制

作方便等。但木板箱的箱体较重，体积也较大，其本身没有防水性。在快件递送过程中，一般只在微小型机器的发运中使用木板箱。

②框板箱。框板箱是由条木与人造板材装配而成。在快件递送过程中，一般大幅照片类物品的发运使用框板箱。

③框架箱。框架箱的骨架是由具有一定截面的条木构成，根据需要也可以在骨架外面加木板覆盖。这类框架箱有两种形式，无木板覆盖的称为敞开式框架箱，有木板覆盖的称为覆盖式框架箱。框架箱由于有坚固的骨架结构，因此具有较好的抗震和抗扭性能，有较强的耐压能力，而且装载量较大。在快件递送过程中，一般中小型机器的发运使用框架箱。

3）塑料箱（见图 2-47）。一般用作小型运输包装容器，其优点是：自重轻、耐蚀性好，可以装载多种商品，整体性强，强度和耐用性能满足反复使用的要求，可以制成多种色彩以对装载物进行分类，手握搬运方便，没有木刺，不易伤手。在快件递送过程中，固定客户间重要资料的往来适宜使用此类包装箱。

图 2-47　塑料箱

（4）包装筒

包装筒是一种筒身各处横截面形状完全一致的包装容器，是一种刚性包装。包装材料抗压强度较高，抗变形能力强。包装操作一般采用装填方式，然后将罐口封闭，既可以做运输包装、外包装，也可以做内包装。包装筒主要有以下两种。

1）小型包装筒（见图 2-48）。使用金属材料或非金属材料制成，容量不大，一般用于易损坏或易折损物品的装运。

图 2-48　小型包装筒

例如，客户寄送的半成品眼镜片，可以集中装在小型包装筒里；客户需要打印的大幅工程制图，卷起后装于小型包装筒内，可以有效防止运输过程中的挤压、变形。

2）中型包装筒（见图 2-49）。外形也是典型的筒状，容量较大，一般作为化工原材料、土特产的外包装，起运输、包装作用。在快件递送过程中一般用于寄递颗粒状物品。

图 2-49　中型包装筒

（5）封箱胶带

封箱胶带是最普遍的包装材料之一，主要用于对寄递物品的封固包装。在封箱胶带上印刷企业的标志或广告，可以起到宣传作用。有的快递企业在封箱胶带上印刷特殊的标志，作为责任界定的依据。

对于使用体积较大的纸箱、编织袋、木箱包装的快件，封口后再用打包带捆扎，有利于进行二次加固，保护快件。

(6) 内部填充材料

常见内部填充材料及作用见表 2-6。

表 2-6　　常见内部填充材料及作用

材料	作用	图示
海绵块	用于易碎物品的填充保护，可以缓解搬运过程中寄递物品受到的外部作用力	 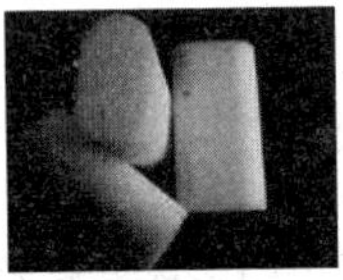
气泡膜	气泡膜表面柔软且有气泡，可以有效缓冲运输过程中外力对寄递物品的振荡性冲击，主要适用于电子产品	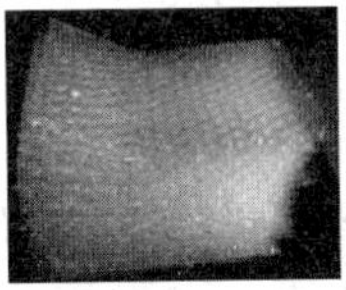 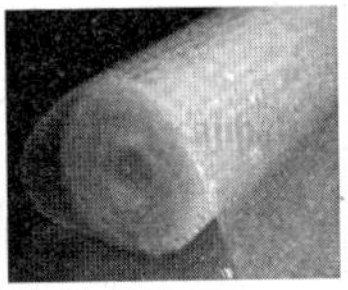
珍珠棉	珍珠棉体积小、有弹性，可用于填充包装空隙，或对易碎物品进行填充，以保障快件运输安全	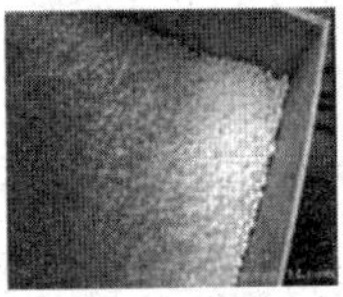 
隔离段	防止寄递物品相互碰撞而造成的快件伤损，主要用于易碎类物品，如手机、玻璃杯等	 
发泡胶	能减少运输过程中因与箱体碰撞而引起的货物损坏，还可以缓解货物受到的挤压，适用于易碎以及表面易划伤的货物	 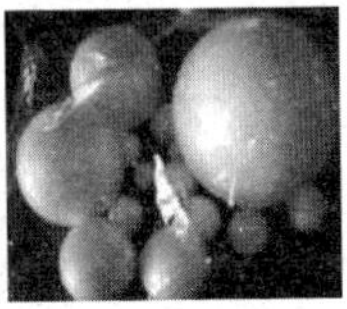
防震板	又称泡沫、泡沫板，当快件震动或坠落地面时，能起到缓冲的作用	 

续表

材料	作用	图示
充气型塑料薄膜	可作为小件物品的减震填充	

（7）包装材料的选择

1）纸质类物品。厚度不超过 1 cm 的纸质类物品，使用文件封包装；厚度超过 1 cm 且不易破碎、抗压类的书刊等物品，可以选择包装袋包装。

2）易碎物品，如玻璃、光碟、灯饰、陶瓷等，必须在包装内部的六个面加垫防震材料，且每一件物品须单独使用泡沫或其他缓冲材料进行包装，如图 2-50 所示。采取多层次包装方法，即物品—衬垫材料—内包装—缓冲材料—运输包装（外包装）。

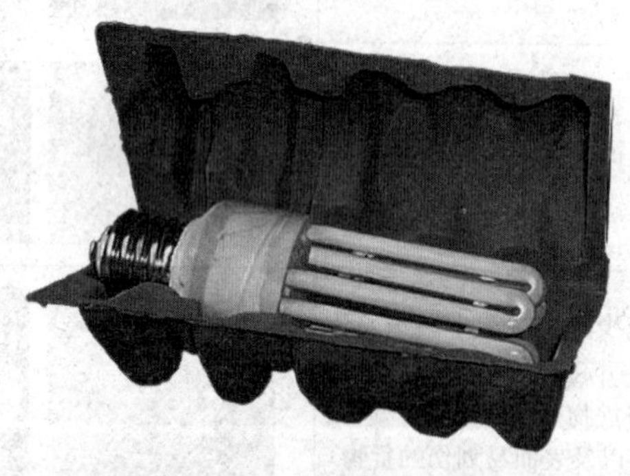

图 2-50　易碎物品包装

3）体积微小的物品，如五金配件、纽扣及其他易散落、丢失的物品。此类快件用塑料袋作为内包装将寄递物品聚集，并严密封口，注意内包装要留有适当的空隙，如图 2-51 所示。数量较少，可以使用包装袋作为外包装；数量较多，可以使用质地坚固、大小适中的纸箱或木箱作为外包装，并用填充材料填充箱内空隙，使快件在箱内相对固定，避免填充过满而导致内包装破裂，引起快件散落丢失。

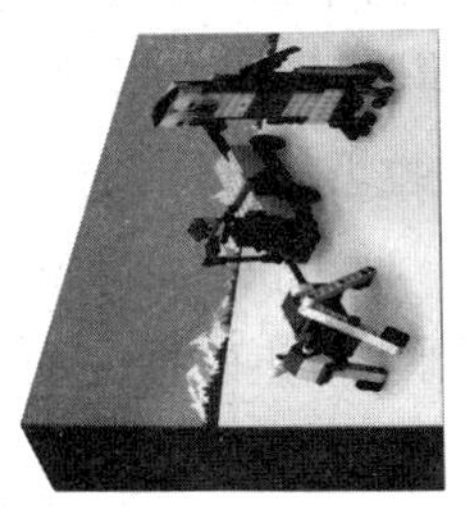

图 2-51　体积微小物品包装

4）重量较大的物品，如机器零件、模具、钢（铁）块等。此类快件先使用材质较软的包装材料（如气泡膜等）包裹，然后采用材质较好、耐磨性能好的塑料袋包装或材质较好的纸箱包装后用打包带加固，还可以使用木箱进行包装，如图 2-52 所示。若快件属于易碎品，必须在外包装上加贴易碎标识以作警示。

图 2-52　重量较大物品包装

5）不规则（异形）、超大、超长的物品。此类快件以气泡膜等材质较软的材料进行全部或局部（如两端等易损部位）包装。细长快件还应尽可能捆绑加固，减少中转或运输过程中折损的可能性。但若单件重量已达 5 kg，则无须将多件捆绑，以便于中转及搬运。若快件为易折损品，应在快件指定位置粘贴易碎标识。

6）较大的圆柱形或原材料物品，如布匹、皮料、鞋材、泡沫等。此类快件可以先使用透明的塑料薄膜进行包裹，再使用胶带对其进行缠绕包装。严禁使用各种有色的垃圾袋进行包装。

7）特产类物品，如水果、月饼等。此类快件必须进行保护性包装，具体包装方法可以因物而异，以既能防止破损变质，又不污染其他快件为原则，如水果采用条筐、竹笼或者竹篓包装。

8）液态物品（仅限全程陆路运输的非危险性物品）。容器内部必须留有 5%~10%的空隙，封盖必须严密，不得溢漏。若是用玻璃容器盛装的液体，则每一容器的容量不宜超过 500 mL。若容器本身的抗压强度较小，则必须采用纸箱或木箱对快件进行加固包装，且箱内应使用缓冲材料填实。禁止晃动或倒置搬运液体，以防液体渗出污染其他快件，并在外包装上粘贴易碎标识。

9）轴承内钢珠等会渗油的固体物品。此类快件必须满足液体类物品的包装要求，应使用衬垫和吸附材料填实，以防运输过程中因渗漏而污染快件本身及其他快件。

10）粉状物品（难以辨认成分的白色粉状物品，进出口件除外）。

①若快件的原包装是塑料袋，还应使用塑料涂膜编织袋作为外包装，保证粉末不漏出。单件快件毛重不宜超过 50 kg。

②若快件的原包装是硬纸桶、木桶、胶合板桶，要求桶身不破、接缝严密、桶盖密封、桶箍坚固结实，桶身两端应有钢带打包带。

③若快件的原包装为玻璃器皿，则每瓶内装物的重量不宜超过 1 kg。如容器本身的强度不够，则须用铁质或木质材料作为外包装，且箱内应用缓冲材料填实。单件快件毛重以不超过 25 kg 为宜。

11）纺织类物品。此类快件可以采用布袋、麻袋、纸箱包装。

布袋的材料应选用坚固结实的棉布；麻袋的坯布应无破洞，具有一定强度，封口处应用封口机一次性封口。

若使用纸箱包装，必须对箱角及其边缘用胶带加固，确保不会在运输过程中破裂，凡纸箱任何一边超过 60 cm，还需要用打包带加固。若纸箱质量较差，还可以在其外面套上编织袋，以防在搬运、装卸过程中造成遗失或损坏。

12）精密仪器及电子类产品。此类快件应采用纸箱或全木箱包装，快件与箱壁之间应预留约 2 cm 的空隙，用缓冲材料填充。若使用纸箱包装，在检查寄递物品后，如果外包装有旧的快递运输或包装标识，必须将其清除。如果无法清除干净，在体积允许的情况下，应将纸箱装入包装袋，或用包装箱重新包装，避免因为旧的快件标识造成操作失误。

对于可以收寄的自身带电的电子类产品，必须征得客户的同意，将寄递物品自带的电池拆卸并与主体分离后方可收取，对于无法拆卸分离的快件不予收取，并向客户做好解释工作。

（8）绿色包装材料的使用

绿色包装材料是指能够循环复用、再生利用或降解腐化、不造成资源浪费，并在材料存在的整个生命周期中对人体及环境不造成公害的包装材料。环保快递袋如图 2-53 所示。

为了做好快递包装绿色治理，减少快递包装带来的环境危害，邮政企业、快递企业、经营邮政通信业务的企业（以下统称寄递企业）应当按照规定建立、健全企业内部制度，明确包装管理机构和人员，在包装采购、操作、用量统计、宣传教育培训、检查考核奖惩等方面加强管理，切实履行企业主体责任，推进包装绿色应用和规范操作。

1）全面推广使用电子运单，尤其是一联式电子运单。

2）优先使用符合《邮件快件绿色包装规范》标准、经过绿色

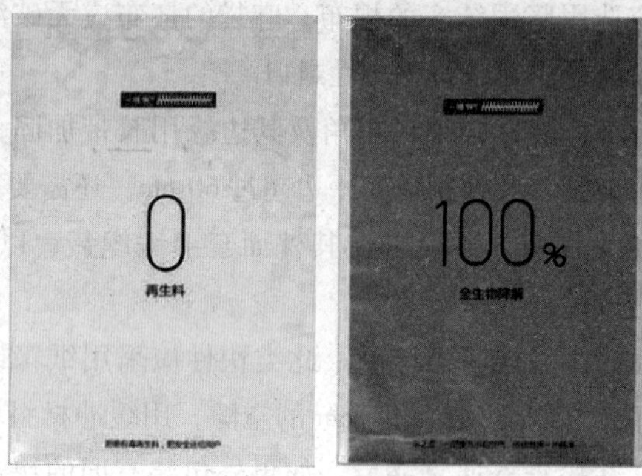

图 2-53 环保快递袋

认证的包装产品。

3）寄递企业按照邮件快件包装基本要求等规定选用包装材料和包装操作。在满足寄递需要的前提下，防止包装层数过多、空隙率过大。邮件快件包装空隙率原则上不超过 20%。

同一包装内有多件物品时，应当按照重不压轻、大不压小的原则进行封装。

4）寄递企业使用包装箱的，应当根据内装物的最大重量和最大综合内尺寸选用合适型号的包装箱。包装箱的型号、内装物的最大重量和最大综合内尺寸，按下列方式确定。

①1 号包装箱内装物最大重量 3 kg，最大综合内尺寸 450 mm。

②2 号包装箱内装物最大重量 5 kg，最大综合内尺寸 700 mm。

③3 号包装箱内装物最大重量 10 kg，最大综合内尺寸 1 000 mm。

④4 号包装箱内装物最大重量 20 kg，最大综合内尺寸 1 400 mm。

⑤5 号包装箱内装物最大重量 30 kg，最大综合内尺寸 1 750 mm。

⑥6 号包装箱内装物最大重量 40 kg，最大综合内尺寸 2 000 mm。

⑦7 号包装箱内装物最大重量 50 kg，最大综合内尺寸 2 500 mm。

内装物重量超过 30 kg 或者有特殊寄递要求的，使用捆扎带进行封扎。

5）寄递企业在包装箱上使用胶带应当遵循下列方式。

①1 号和 2 号包装箱采用“一”字形封装方式，使用胶带的长度不超过最大综合内尺寸的 1.5 倍。

②3 号、4 号和 5 号包装箱采用“十”字形封装方式，使用胶带的长度不超过最大综合内尺寸的 2.5 倍。

③6 号和 7 号包装箱采用“卄”字形封装方式，使用胶带的长度不超过最大综合内尺寸的 4 倍。

鼓励寄递企业优先采购使用免胶带包装箱或者使用可降解基材胶带替代普通胶带。不得在已有黏合功能设计的封套、包装袋上使用胶带。

6）寄递企业使用气泡垫、气泡膜、气泡柱等填充物作为缓冲包装的，应尽量使用“即充即用”型的填充物。寄递企业积极推广应用悬空紧固包装，减少填充物使用。

7）鼓励寄递企业使用可循环包装，建设使用循环包装信息系统和回收设施设备，积极探索完善运行模式，提升循环使用效率。

8）寄递企业加强与用户的沟通，引导用户配合实施邮件快件绿色包装，规范包装操作，减少包装用量。用户自带包装应当满足寄递安全需要和邮件快件包装绿色治理要求。

9）邮件快件塑料包装袋中铅、汞、镉、铬总量不得超过 100 mg/kg，苯类溶剂残留不得超过 3 mg/m^2。

4. 快件包装技术

为了避免寄递物品在运输过程中损坏，合理的包装非常重要。大量使用内部填充材料固然可以起到保护内件的作用，但是也会使快件的重量和体积增加，无形之中增加了运费的支出。采用合理的包装技术，既能保护内件，又不浪费材料。

（1）防震保护

防震包装又称缓冲包装，是为减缓内装物受到的冲击和振动，保护其免受损坏所采取的具有一定防护措施的包装。防震包装在各种包装方法中占有非常重要的地位，为了防止快件遭到损坏，就要设法减少外力的影响。防震包装主要有以下三种方法。

1）全面防震包装法。全面防震包装法是指寄递物品和外包装之间全部用防震材料进行填充，对寄递物品进行保护的一种包装方法。一般来讲，就是将寄递物品的四周全部用缓冲材料包裹后再装入包装箱。此类方法可以有效减少因外力作用而导致的寄递物品的损坏。

①使用材料：主要有纸箱、气泡膜、海绵块、泡沫板等。

②应用范围：手机、相机、手表、陶瓷工艺品等易碎、易损的高价值物品。

③应用举例：使用全面防震包装法包装手机见表2–7。

表2–7　　使用全面防震包装法包装手机

操作步骤	图示
步骤1　将手机的电池与主机分离	
步骤2　将电池和主机分别用气泡膜缠绕，缠绕层数以20 cm高处落下可以弹起为宜	
步骤3　将缠绕后的手机装入适宜规格的纸箱，如果装入后发现有空隙，须使用海绵块或泡沫板进行填充，直至箱内快件不再晃动为宜，然后封箱	

对于形状不规则的物品，应选用比物品更大的纸箱，用珍珠棉铺底后，将物品放入纸箱，然后用珍珠棉将物品淹没，使其固定在箱中而不能晃动，并保证物品各个面与纸箱保持 3 cm 以上的距离，最后将纸箱用胶带封闭，如图 2–54 所示。

图 2–54　不规则物品包装

2）部分防震包装法。部分防震包装法是指寄递物品的拐角、侧面或局部位置使用防震材料进行垫衬，以达到防震效果的一种包装方法。此类方法使用较少的防震材料即可取得较好的防震效果，可以有效降低包装的成本和寄递快件的费用。

①使用材料：纸箱、防震板、充气型塑料薄膜防震袋等。

②应用范围：液晶电视机、显示器、电脑主机、仪器仪表等。

③应用举例：使用部分防震包装法包装电脑主机（用纸盒代替）见表 2–8。

表 2–8　使用部分防震包装法包装电脑主机（用纸盒代替）

操作步骤	图示
步骤 1　将包装箱打开，准备防震板	

续表

操作步骤	图示
步骤 2　将寄递物品放入准备的防震板内	
步骤 3　将固定的寄递物品正确装入纸箱，确定无法晃动，封箱	

3）悬浮式防震包装法（见图 2–55）。悬浮式防震包装法是指使用弹簧、绳子、吊环等材料将寄递物品悬吊在外包装容器内，使其不与四壁接触，以起到保护寄递物品作用的一种包装方法。

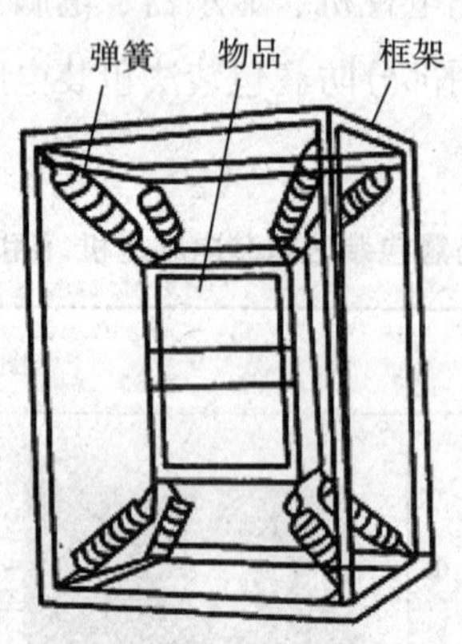

图 2–55　悬浮式防震包装

①使用材料：纸箱（木箱）、绳子、弹簧、吊环等。

②应用范围：精密电子仪器等，在快件递送过程中使用较少。

（2）防破损保护

1）捆扎及裹紧（见图 2–56），能使杂货、散货形成一个牢固整体，增加整体性以便于处理，从而减少破损。

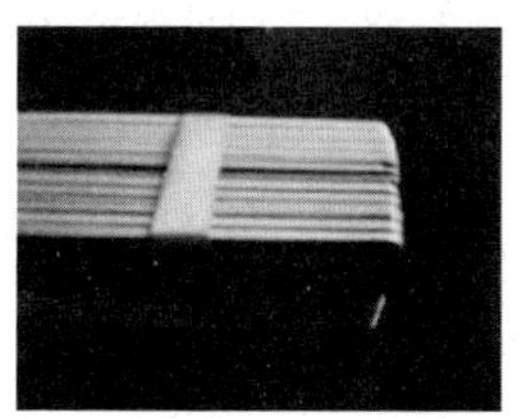

图 2–56　捆扎及裹紧

例如，客户发送 1 000 份证件，如果毫无顺序地杂乱摆放，则可能会将证件折损或折断，但是如果整理后再简单包装发运，出现损坏的概率就要小很多。

2）集装（见图 2–57）。就是将相同规格的物品集中托运。

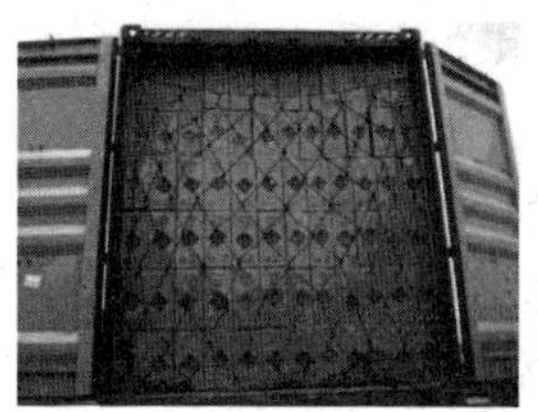

图 2–57　集装

例如，客户发送的 100 箱水果，若统一、整齐地码放在车厢里，则此批货物到达目的地后发生损坏的概率要比凌乱摆放小很多。

3）选择高强度保护材料（见图 2–58）。利用高强度的外包装材料避免内包装物品受外力作用，从而减少寄递物品的破损。

图 2-58　高强度保护材料

（3）胶带封箱

胶带封箱使用最多的是透明胶带，用于对所收寄递物品的封固包装。除文件封和各款包装袋以外，其他包装类型的快件一般都需要用胶带进行封固包装。对于外形规则类纸箱包装的快件，一般常使用胶带对纸箱上下表面进行“工”字形封箱，如图 2-59 所示。

图 2-59　“工”字形封箱

1）首先使用透明胶带沿着纸箱的中缝部位封粘，同时胶带两端应沿纸箱两侧面放宽 5 ~ 10 cm，以便将纸箱中缝两端开口处覆盖；同时压紧胶带两端，使胶带和箱体充分黏合。

2）再使用透明胶带分别对纸箱的两侧缝口进行封粘，要求先对纸箱一侧的侧缝开口进行封粘，胶带同样延长放宽 5 ~ 10 cm；同时做到压紧胶带两端和胶带中间部位，使得胶带和箱体充分黏合。

3）在完成纸箱一个表面的“工”字形包装后，还须对另一个表面进行封粘，具体要求同 1）和 2）。

为了更好地保护快件，便于大件快件的装卸搬运，规则快件的加固打包方式见表 2-9。不规则快件打包所使用的方法与规则快件一致，只是在某些需要特殊保护的部位多打包几次。

表 2-9　　规则快件的加固打包方式

方式	适用范围	图示
“十”字形打包	适用于体积相对较小，且长、宽、高三边的长度相差不大的快件，可以是正方体、长方体、底面直径与高的长度相近的圆筒形状的快件。在两个底面可以看到“十”字结构，其他四个面是“1”字结构	
“卄”字形打包	适用于体积相对较大，且长度较长的快件。可以是长方体、粗长条、长圆筒形状的快件。快件的上、下两底面呈“卄”字形，两个侧面为“1”字形，另两个侧面为“11”字形。如果快件特别长且特别粗，可以在长的方向上多次打包	
“井”字形打包	适用于体积很大的矩形快件。为了便于搬运和装卸，对快件做“井”字形状的打包。上、下两底面呈“井”字形，四个侧面的打包带呈两条平行线状。如果快件需要特别保护，可以沿侧面再做“井”字形打包	

注意事项：

①打包时注意对拉紧力的控制，拉紧时打包带贴着包装表面即可，打包带不能将包装勒得太紧，甚至勒坏外包装。

②根据快件的体积、重量和需要保护的程度选择合适的打包方法，避免过度包装，浪费人力和物力。

5. 快件包装加固保护措施

（1）边缘保护

垂直边缘保护（见图 2-60）不仅可以减少运输过程中箱体边缘

的破损，还有助于保持货物稳固。

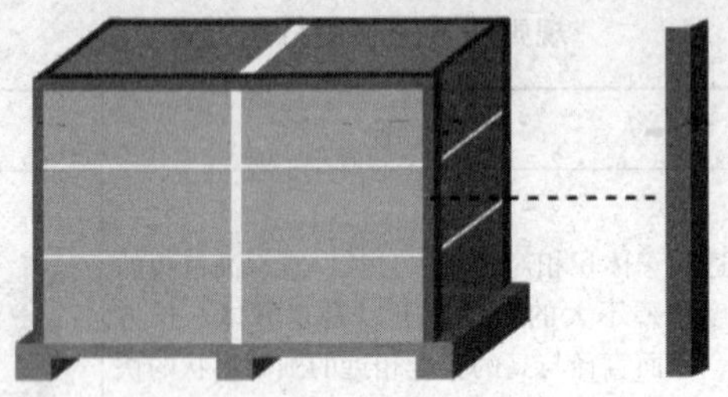

图 2-60　垂直边缘保护

（2）纸板保护（见图 2-61）

将纸板放置在快件顶部、底部和侧面以形成保护屏障，有助于将托盘上堆叠货物的重量分散到托盘基座上。

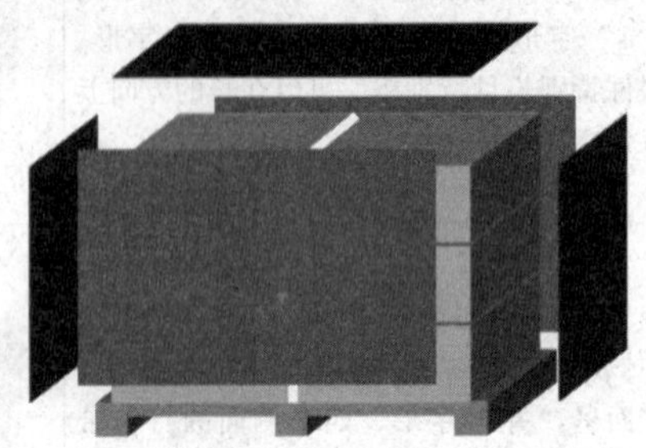

图 2-61　纸板保护

（3）支撑防护（见图 2-62）

当运送超重货物时（如电缆卷筒或者发动机），需要对托盘进行木质或者金属支撑，以防止在运输过程中可能发生的横向移动。

（4）捆扎和收缩包装（见图 2-63）

捆扎和收缩包装是将货物固定到托盘上的两种主要方法，一般用于大件和托盘货物。使用的捆扎材料包括钢丝、尼龙、聚酯和聚丙烯等。钢丝更适合固定较重的物品，而尼龙和聚酯则适用于较轻的物品。捆扎带应高度耐用，并且要牢固密封。

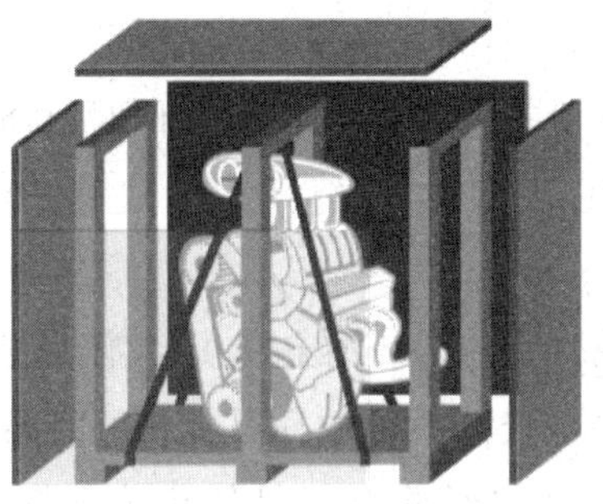

图 2-62　支撑防护

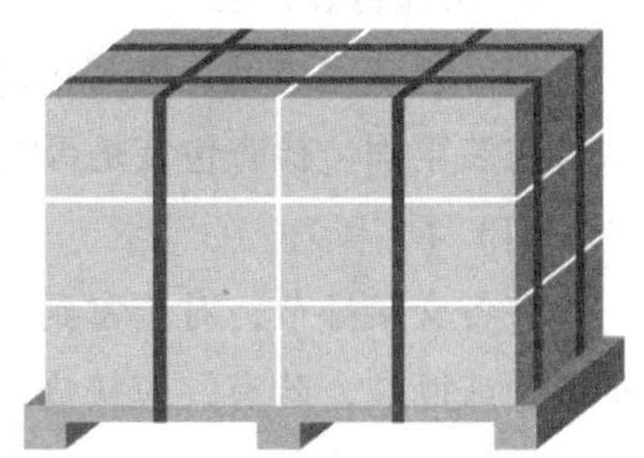

图 2-63　捆扎和收缩包装

小提示

快件包装注意事项

1. 禁止使用一切报刊类物品作为快件的外包装，如报纸、海报、书刊、杂志等；严禁使用各种有色垃圾袋和较薄的、容易破损的类似垃圾袋的包装物。

2. 对于价值较高的快件，建议客户使用保险或保价服务，同时建议客户采用包装箱包装，包装时应使用缓冲材料。快递员在收件时应与客户当面清点后再封箱。

3. 关于捆扎件包装操作，一票多件的进出口快件由于海关限制，严禁物品多件捆扎寄递，必须按照操作规范操作。国内互寄的一票多件快件，单票重量不超 1 kg 且每件快件外包装形状相同、体积最大快件的一侧面积小于运单的，可以多件捆扎寄递，同时必须在连体快件上批注运单号码，并将连体快件捆扎牢固。凡两件或两件以上的快件合装，必须用打包带加固。例如，寄递三个相同规格的鞋盒子时，可以将三个盒子捆扎牢固，作为一票快件寄递。

4. 对于重复利用的旧包装材料，均必须清除原有运单及其他特殊的快件标记后方可使用，以免因旧包装原有标识而影响快件的流转。

5. 用透明胶带加固时，须用裁纸刀或剪刀等工具将透明胶带裁断，不能用牙咬断。

6. 快件包装检查

快件包装完毕后，应对包装进行检查，确保在收取快件时已将快件包装牢固。检查包装是否牢固有以下四种方法。

（1）看

在各交接环节，对于拿到手的快件，应检查外包装是否有明显的破损或撕裂，若有，应按规定程序检查，不可放任其流向下一环节，导致快件损坏程度进一步加重。如果经检查只是外包装破损，必须重新包装。

（2）听

用手摇晃快件，听是否有声音。如果有异常、已破损的声音等，则须打开包装检查，不可放任不管，导致尖锐物在包装内窜动而划伤快件。

（3）感

用手晃动快件，感受寄递物品与包装物之间有无摩擦和碰撞，如果有，则需要打开包装进行填充，以起到缓冲作用。

（4）搬

搬动一下快件，看是否有重心严重偏向一边或一角的现象，如有，则需要打开包装重新摆放寄递物品在包装内的位置。

二、快件包装工具和设备

1. 度量衡工具

因快件有实际重量及体积重量的计算需求，所以，度量衡工具在快递领域中的使用也比较广泛。其中使用最多的是秤和尺，通过秤称量快件的实际重量，通过尺量取快件的最大长、宽、高而计算体积。

（1）电子手提秤（见图 2-64）

电子手提秤轻便灵巧，便于随身携带，且本身带卷尺，便于称重和测量快件体积，被各快递企业广为采用。但是，其不足之处是误差较大。使用电子手提秤的注意事项如下。

1）须定期检查各部位螺钉及插栓有无松动或掉落，确认无误后再开机使用。

2）在使用时，吊钩和被测物均应钩于吊秤上、下吊钩的中央部位。

3）为确保安全，在改变所吊重物的方向或位置时，应直接推动重物，不要直接推动吊秤。

4）加载勿超过安全负荷，避免长时间起吊，确保传感器使用寿命。

5）在户外使用时如遇雷电，应关机暂停使用。

6）吊秤本体禁止受到激烈撞击，不使用时应悬挂存放于通风干燥阴凉处。

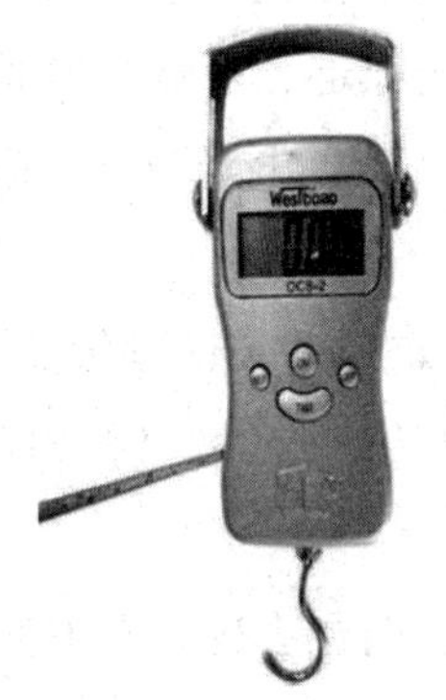

图 2-64　电子手提秤

（2）电子计重秤（见图 2-65）

电子计重秤比电子手提秤的称重范围大、准确度高。但电子计重秤体积较大、不便携带，除了驾驶机动车收件的快递员外，一般都不随身携带电子计重秤，而是放在收寄处理点使用。如果快件重量超出电子手提秤的称重范围，在征询客户同意后，快递员可以将快件带回收寄处理点使用电子计重秤称重。在称重计算资费后，应在第一时间将重量及资费告知客户，征询客户是否寄出快件。如果客户同意寄出，则与客户确认付款方式将快件寄出；如果客户不同意寄出，则与客户约定时间，将快件退回。

图 2-65　电子计重秤

使用电子计重秤称重需要注意以下事项。

1）电子计重秤应置于稳定、平整的平面上。调整四个底脚螺钉使秤处于水平位置，然后开启电源（如果需要，则应先放上专用秤盘）。

2）开机画面显示结束后进入计重模式，“零位”标志和“公斤”指示标志出现，可以按“模式”键选择计重、计数、百分比三种功能模式。

3）电子计重秤不能长期在去皮状态下使用，否则零位自动跟踪功能消失，零位会产生漂移。

（3）卷尺

在快递领域中使用最多的长度测量工具就是卷尺。卷尺根据材质不同可以分为钢卷尺、纤维卷尺（皮卷尺、量衣卷尺）、塑料卷尺等。如果快递员使用的便携式手提秤中没有卷尺，则须另外随身携带卷尺。

目前大多数寄递企业使用的是钢卷尺（见图 2-66）。钢卷尺可以分为自卷式卷尺、制动式卷尺、摇卷式卷尺。使用最多的是制动式卷尺，主要由尺带、盘式弹簧（发条弹簧）、卷尺外壳三部分组成。当拉出刻度尺时，盘式弹簧被卷紧，产生向回卷的力；当松开刻度尺时，刻度尺就会被盘式弹簧的拉力拉回。

图 2-66　钢卷尺

1）读数方法。钢卷尺的读数方法主要有以下两种。

①直接读数法。测量时将钢卷尺零刻度对准测量起始点，施以适当拉力，直接读取测量终止点所对应的刻度。

②间接读数法。在一些无法直接使用钢卷尺的部位，可以用钢尺或直角尺，使零刻度对准测量点，尺身与测量方向一致；用钢卷尺量取到钢尺或直角尺上某一整刻度的距离，余长用直接读数法量出，加上已测量的长度，计为全长。

2）测量误差。较精确的钢卷尺在出厂时和使用一段时间后都必须经过检定并注明检定时的温度、拉力与尺长。钢卷尺在使用中产生误差的主要原因有以下三种。

①温度变化。相同的钢卷尺在温差很大的环境下会产生很大的长度变化，影响测量结果。

②拉力大小。拉力大小会影响钢卷尺的长度。钢卷尺在出厂前都会使用弹簧秤对拉力误差进行测试。使用钢卷尺时，须注意不可迅猛地拉出或弹回尺子，避免拉力误差太大，同时也要注意尺子对人身的伤害。

③钢尺未水平放置。测量水平距离时钢卷尺应尽量保持水平，否则会产生距离增长的误差。

2. 包装设备

快件的包装一般由快递员手工完成。对于特别大的快件和需要特别保护的快件，包装时应使用特定的包装设备对快件进行加固包装。其中，打包机是目前使用较多的包装设备。一般快件如果超过10 kg，为保证快件安全和搬运方便，快递企业都要求使用打包机对快件进行二次打包带打包。

（1）手动打包器（见图2-67）

手动打包器通过人工完成打包，具有价格便宜、体积小的特点，但相对于自动打包机在操作上不方便。手动打包器主要由咬口器、拉紧器、钢扣三部分组成，配合打包带使用。

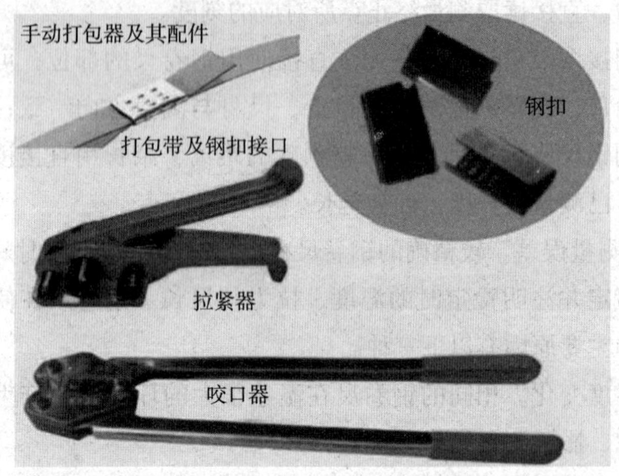

图2-67　手动打包器

1）咬口器：PET塑钢打包带专用，夹紧力度均衡，弯形平整，操作方便省力。

2）拉紧器：PET塑钢打包带专用，主要部件由铸精铝制成，轻便、耐用，操作方便，收紧、松弛、切割连贯完成。

3）钢扣：通常与打包带规格相匹配，即宽度与打包带宽度一致。钢扣内有密集的牙口小刺，容易咬紧打包带，松弛拉力通常在200 kg左右。

手工打包器操作示范见表2-10。

表2-10　　　　手工打包器操作示范

操作步骤	图示
步骤1　将打包带对折，双手顺势夹紧后，保持回折的两条带平行，再将带竖起，保持平行，左右手交换推进，即可将带穿过小孔。注意将带竖起，否则容易上下偏。推进带时注意左右手交换推进，保持两条带平行，否则容易左右偏	
步骤2　右手推紧黑色连杆，松动夹紧位，左手掌握紧打包带，食指限定打包带位置，模拟削鱼方法，由前至后拉入夹紧位。注意用左手操作，以正确提高效率	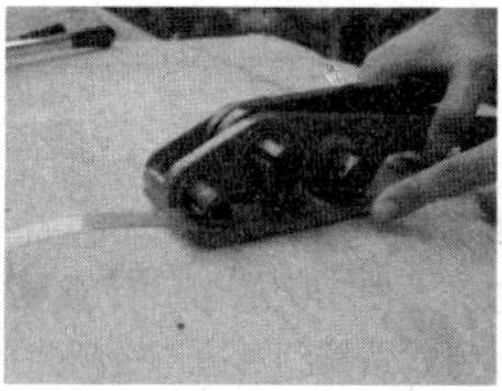
步骤3　左手模拟第二步方法，将打包带拉入刀缝，右手将“十”字位调校好，方便左手穿带。注意用左手操作	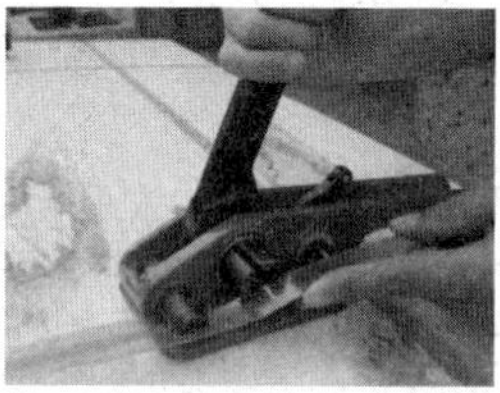
步骤4　轻轻拉紧打包带并调整好，反向左手将打包带压在收紧缝中，右手收紧打包带，保持双带平行。注意反向用左手压住打包带	

续表

操作步骤	图示
步骤5　将钢扣穿入双带中，注意从侧面入扣，将扣压紧	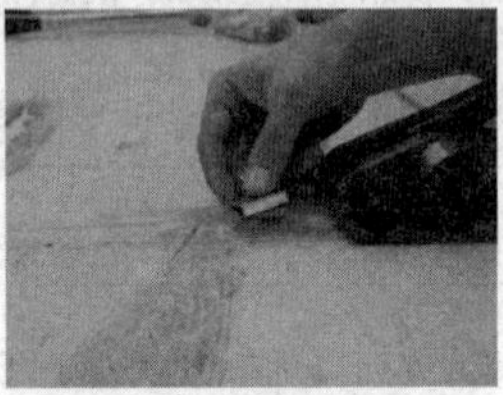
步骤6　张开钢钳，按方向入口，观察两条带是否重叠	
步骤7　收紧钢钳一半幅度后，可以斜拉钢钳到身边，方便用力收紧，注意要在钢钳收到一半后才可以斜拉到身边，否则会打坏钢扣	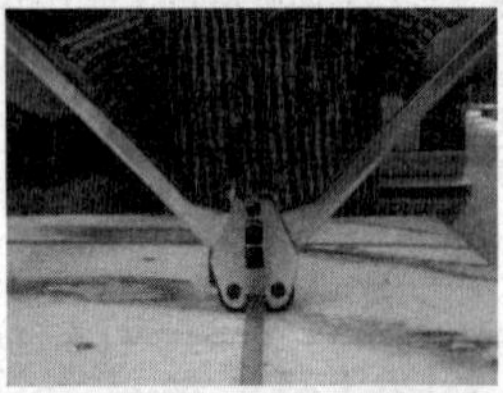
步骤8　打紧钢扣后，左手拉住打包带，右手慢速向下压拉杆。尽量分两个步骤下压拉杆，如果大力急速向下压拉杆，会造成打包带裂开	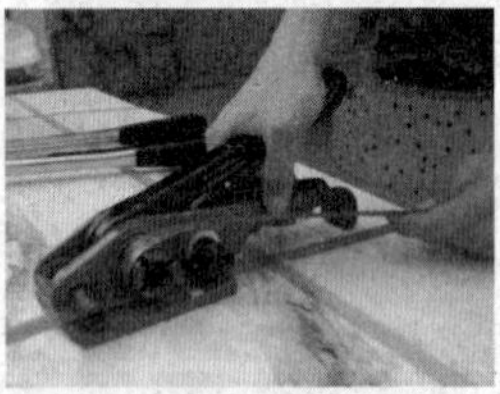
步骤9　下压拉杆后，顺势向右边拖出拉紧器，完成打包	

续表

操作步骤	图示
步骤 10　打包完成的成品应美观、环保、完整	

（2）自动打包机

自动打包机主要用于纸箱、木箱、书刊等软硬包及方形、筒状、环状构件的捆包。

1）自动打包机的特点。捆扎速度快，捆一条带约需 1.5 s，可有效提高工作效率；捆扎力度大，且调整范围广，捆扎质量可靠；热刀加热迅速，5 s 内即可进入最佳打包状态，1 min 不工作将自动进入待机状态；最大捆扎力为 60 kg；操作和维修都方便。

2）自动打包机的主要部件。自动打包机组成如图 2–68 所示，主要部件及功能见表 2–11。

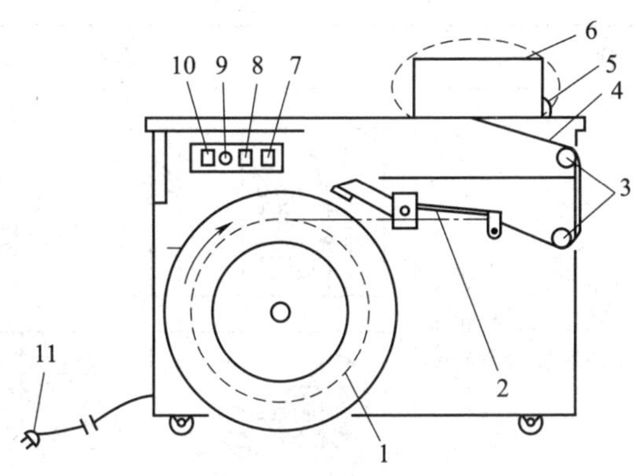

图 2–68　自动打包机组成

1—带盘　2—导带杆　3—导带轮　4—出带槽　5—阻挡器　6—捆包物　7—手动出带开关　8—归零开关　9—长度调节器　10—电源开关　11—插头

表 2-11　　自动打包机主要部件及功能

名称	功能
带盘	打包带卷安装在此处
导带杆	打包带经过导带杆，使送带时拉开刹车器
导带轮	为一白色尼龙轮，用于协助送带时的滚动
插头	用于插接电源
电源开关	用于启动电源
长度调节器	调节每次自动送带的长度。顺时针调整出带长度变长，逆时针调整则出带变短
归零开关	机器正在减速部分未归零时，按此按钮可以使之归零。如机器正处于归零状态，按此按钮则可以使机器动作再循环一次
手动出带开关	手动调节出带长度，按得越久送出的打包带长度越长
出带槽	打包带穿过此部件，若机器未归零或积塞杂物，即无法穿过
捆包物	将要捆包的物品，紧靠阻挡器

3）自动打包机的装带操作（见表 2-12）。

表 2-12　　自动打包机的装带操作

步骤	图示
步骤 1　装带 将空带盘由机内取出，取下带盘轮套筒，将带盘一边取出，打包带整卷放入带盘，重新装回带盘轮套筒锁紧即可	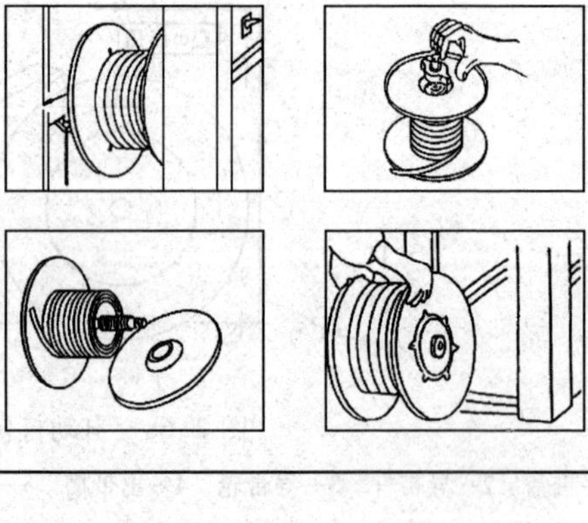

续表

步骤	图示
步骤 2　穿带 先将带盘悬挂于机器并固定下缘，将打包带由下方引出，经导带滑轮、刹车滑轮、导带轮，直到打包带末端穿过打包机桌面	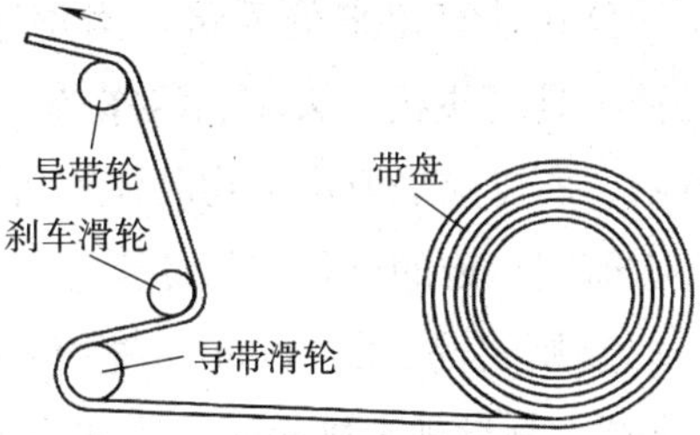

4）自动打包机的工作原理。将物品放在打包机的正面，调整适当的供带长度，机器自动供带；操作者将打包带绕过物品，将带头沿着导向槽插入，触动开关，前顶刀便立即上升，将带头顶住，打包带将被拉紧。另一端也被上升的后顶刀顶住，中刀立即上升，将打包带切断。同时，表面温度约 180 ℃的热刀伸入上、下层打包带中间，使打包带表面热熔，随后热刀迅速退出。中刀继续上升，将热熔处的打包带压紧，使接头焊接牢固。最后，中刀、前顶刀、后顶刀下降将打包带释放，完成单条捆扎过程。

三、快件计费

1. 快件重量计算

（1）取数规则

快件重量的取数规则是舍位取整，最小计量单位为 1。

对于轻泡快件，量取快件各边长度时，最小计量单位为 1 cm。例如，7.1 cm 按照 8.0 cm 计算；7.8 cm 也按照 8.0 cm 计算。

读取实际重量或计算体积重量时，最小的计重单位为 1 kg。例如，8.1 kg 按照 9.0 kg 计算；8.7 kg 也按照 9.0 kg 计算。

（2）重量计算

1）实际重量。实际重量是指一票需要投递的快件包括包装在内的实际总重量，即计重秤直接读取的重量。

2）体积重量。体积重量是指使用快件的最大长、宽、高，通过规定的公式计算出来的重量。当寄递物品体积较大而实重较轻时，因运输工具（飞机、火车、汽车等）的承载能力及能装载物品的体积有限，所以应采取量取物品体积折算成重量的方法计算资费。

①航空运输的体积重量计算。

a. 规则物品：长（cm）×宽（cm）×高（cm）÷6 000 =体积重量（kg）。测量规则物品时，应注意尺子须与规则物品的边平行，且尺子不能折弯或与物体的测量边成一定的角度。

b. 不规则物品：最长（cm）×最宽（cm）×最高（cm）÷6 000=体积重量（kg）。强调最大的长、宽、高读数，即相当于将不规则物品放到一个矩形容器中，以不规则物品的各个顶点刚好与矩形容器接触为宜，此时量出来的长、宽、高为该物品的最大长、宽、高。

例 1：一票从上海寄往北京的快件（航空运输，系数为 6 000），使用纸箱包装，纸箱的长、宽、高分别为 60 cm、40 cm、30 cm，快件实重 5 kg，其体积重量为：

体积重量=60 cm×40 cm×30 cm÷6 000=12 kg

②陆路运输的体积重量计算。在陆路运输中尚未有统一的体积重量计算方法，一般以航空运输的体积重量计算方法为参考，不同快递企业采用的系数不尽相同。

a. 规则物品：长（cm）×宽（cm）×高（cm）÷系数=体积重量（kg）

b. 不规则物品：最长（cm）×最宽（cm）×最高（cm）÷系数=体积重量（kg）

例 2：一票从深圳寄往南昌的快件（陆路运输，系数为 12 000），使用纸箱包装，纸箱的长、宽、高分别为 60 cm、40 cm、60 cm，快件实重 18 kg，其体积重量为：

体积重量 = 60 cm×40 cm×60 cm÷12 000 = 12 kg

（3）计费重量

快件在运输过程中用于计算资费的重量，取整批快件实际重量和体积重量两者之中的较高者。即快件体积小、重量大时，按实际重量计算，计费重量 = 实际重量；快件体积大、重量小时，按体积重量计算，计费重量 = 体积重量。

对于一票多件快件，既有轻件又有重件，各快递企业的计重方法不尽相同。有些快递企业采用“大大相加”的原则，即每一件快件计算最大的重量，整票快件的重量等于各快件的最大重量之和。

例 3：一票从深圳寄往杭州的快件（航空运输，系数为 6 000），此票快件由两件快件组成，都使用相同的纸箱包装。快件 A 的长、宽、高分别为 60 cm、40 cm、60 cm，快件实重 8 kg；快件 B 的长、宽、高分别为 60 cm、40 cm、30 cm，快件实重为 18 kg。此票快件计费重量的计算方法如下。

快件 A：体积重量 = 60 cm×40 cm×60 cm÷6 000 = 24 kg

体积重量大于实际重量，所以，该件快件的计费重量应为 24 kg。

快件 B：体积重量 = 60 cm×40 cm×30 cm÷6 000 = 12 kg

体积重量小于实际重量，所以，该件快件的计费重量应为 18 kg。

该票快件的计费重量 = 快件 A 计费重量 + 快件 B 计费重量 = 24 + 18 = 42 kg

有的快递企业会将一票快件整体进行重量计算，再将整体的实际重量和体积重量相比取较大者。对于例 3：

体积重量 = 快件 A 体积重量 + 快件 B 体积重量 = 60 cm×40 cm×60 cm÷6 000 + 60 cm×40 cm×30 cm÷6 000 = 24 kg + 12 kg = 36 kg

实际重量 = 快件 A 实际重量 + 快件 B 实际重量 = 8 kg + 18 kg =

26 kg

体积重量大于实际重量，所以，该票快件的计费重量应为36 kg。

2. 营业款

（1）营业款的组成

营业款是指客户享受快递服务所需要支付给快递公司的费用总和，包括资费、包装费、附加服务费等。

1）资费。资费是指快递企业在为寄件人提供快递承运服务时，以快件的重量为基础，向客户收取的承运费用。资费也称为狭义的快件服务费用，当不产生包装费、附加服务费、保险或保价费等时，快件资费就是快件服务费用。

2）包装费。包装费是指快递企业为了更好地保护寄递物品的安全，为寄件人提供专业包装而产生的费用，包括包装材料费和包装人工费。

在通常情况下，如果包装材料属于专用物料，包装不收取人工费。例如，投递快件时快递企业提供专门的包装纸箱，一般只收取一定的纸箱费用，不收取人工费用。

如果是快递企业帮助客户向外界寻求包装服务的，则一般需要收取包装人工费。例如，某机械需要用木格包装，快递企业应客户需求请木格包装专业公司对机械进行包装，此时一般需要根据包装公司的要求，向寄件人收取包装材料费和包装人工费。

3）附加服务费。快递企业为客户提供快递正常服务以外的附加服务所加收的服务费，如代收货款服务。随着电子商务的发展，电子商务商家除了投递商品以外，也提出了快递企业协助收取货款的需求。快递企业帮助寄件人收取货款，则需要收取一定的附加服务费。

此外，一些快递企业在收取资费时，还同时收取燃油附加费。

（2）资费的计算方式

资费是营业款的核心组成部分，与快件的重量直接挂钩，是快递员在收件现场需要准确计算的款项。各快递企业在实际操作中，存在以下两种资费计算方式。

1）首重、续重计算原则。资费＝首重价格+续重（计费重量）×续重价格。

①首重。快递企业根据运营习惯规定的计算资费时的起算重量，又称起重。一般快递企业都将首重确定为 1 kg。

②续重。快件首重以外的重量。续重＝计费重量－首重。通常续重价格比首重价格低，而且随着续重的增大，续重价格也会减少。例如，对于一票重量为 30 kg 的快件，如果首重为 1 kg，续重就是 29 kg。

例 4：一票从深圳寄往广州的快件（陆路运输，系数为 12 000），使用纸箱包装，纸箱的长、宽、高分别为 60 cm、40 cm、30 cm，快件实重 8 kg，计算其资费。

快递企业的资费价格见表 2-13。

表 2-13　快递企业的资费价格

区间	首重 1 kg	1 kg<重量≤20 kg	20 kg<重量≤50 kg
上海—广州	12 元	6 元/kg	5 元/kg
深圳—广州	10 元	2 元/kg	1 元/kg

体积重量＝60 cm×40 cm×30 cm÷12 000＝6 kg

体积重量小于实际重量，所以，该票快件的计费重量应为 8 kg。

资费＝首重价格+续重×续重价格＝10+(8−1)×2＝24 元

例 5：一票从上海寄往广州的快件（航空运输，系数为 6 000），使用纸箱包装，纸箱的长、宽、高分别为 60 cm、40 cm、30 cm，快件实重 21.5 kg，计算其资费。

体积重量＝60 cm×40 cm×30 cm÷6 000＝12 kg

体积重量小于实际重量，计费重量应为 22 kg。

资费 = 首重价格+续重×续重价格 = 12+(20-1)×6+(22-20)×5 = 136 元

2）单价计算原则。资费 = 单位价格×计费重量。单价计算是指按照平均每公斤价格计算资费。单价计算不区分首重和续重，明确平均每公斤的价格，由价格乘以重量即可。

例 6：一票从深圳寄往广州的快件（陆路运输，系数为 12 000），使用纸箱包装，纸箱的长、宽、高分别为 60 cm、40 cm、30 cm，快件实重 8 kg，计算其资费。快递企业的资费价格见表 2-14。

表 2-14　快递企业的资费价格

区间	重量≤20 kg	重量>20 kg
上海—广州	6 元/kg	4 元/kg
深圳—广州	3 元/kg	2 元/kg

体积重量 = 60 cm×40 cm×30 cm÷12 000 = 6 kg

体积重量小于实际重量，所以，该票快件的计费重量应为 8 kg。

资费 = 单位价格×计费重量 = 3×8 = 24 元

例 7：一票从上海寄往广州的快件（航空运输，系数为 6 000），使用纸箱包装，纸箱的长、宽、高分别为 60 cm、40 cm、30 cm，快件实重 21.5 kg，计算其资费。

体积重量 = 60 cm×40 cm×30 cm÷6 000 = 12 kg

体积重量小于实际重量，计费重量应为 22 kg。

资费 = 单位价格×计费重量 = 6×20+4×(22-20) = 128 元

（3）营业款的结算

营业款结算是指快递员完成快件服务费用的计算后，根据计算结果向客户收取相应金额的现金或支票。

快递员收取快件时，须与客户共同确认营业款的支付方，并在运单上明确标注是寄付、到付，还是第三方支付，作为收取营业款的依据。营业款结算方式可以分为现结和记账两种。

1）现结。现结是指在收取或派送快件时，客户在收派现场将营业款支付给快递员的一种支付方式。现结包括寄付现结和到付现结两种结算方式。客户可以选择现金支付或支票支付。由于单票快件的营业款通常不会太高，现场支付主要以现金支付为主。

①寄付现结。寄付现结是指寄件人在完成交寄快件后，在寄件现场将营业款支付给快递员的一种结算方式。

②到付现结。到付现结是指收件人验视快件外包装无误后，在派件现场将营业款支付给快递员的一种结算方式。

2）记账。记账是指快递企业与客户达成协议，在一个规定的付款周期内结算营业款的一种支付方式。快递企业给每位记账客户一个记账账号，并在账号中记录客户每一次快递服务所产生的费用（包括寄付、到付和第三方支付所产生的费用），作为营业款结算的依据。付款周期可以是每周、每月、每季度、每年结算一次。记账包括寄付记账、到付记账和第三方记账三种结算方式。

①寄付记账。寄付记账是指寄件人（个人或企业）与快递企业达成协议，快递企业赋予其一个记账账号，寄件人在约定的付款周期内支付营业款。

②到付记账。到付记账是指收件人（个人或企业）与快递企业达成协议，快递企业赋予其一个记账账号，收件人在约定的付款周期内支付营业款。

③第三方记账。第三方记账是指寄件人和收件人之外的第三人（个人或企业）与快递企业达成协议，快递企业赋予其一个记账账号，第三人在约定的付款周期内支付营业款。第三方支付营业款的情况比较复杂，须由寄件人或收件人与第三方客户达成协议，第三方客户同意代寄方和收方支付该费用。若第三方采取记账方式支付营业款，快递员在收取此类快件时，须注意核对第三方客户的付款信息。

四、人民币识别

1. 直观法

(1) 眼看

看票面的水印是否清晰，有无层次和主体的效果。看安全线，看整张票面图案颜色是否单一或者偏色。

(2) 手摸

人民币元以上券别均采用了凹版印刷，触摸票面上凹印部位的线条是否有凹凸感。

(3) 耳听

人民币纸张材质特殊，挺括耐折，用手抖动会发出清脆的声音。

(4) 仪器检测

用紫光灯检测无色荧光图纹，用磁性仪检测磁性印记。

2. 比较法

(1) 纸张识别

人民币纸张采用专用钞纸，主要成分为棉短绒和高质量木浆，具有耐磨、韧性强、挺括、不易折断、抖动时声音清脆等特点。而假币纸张绵软，韧性差，易断裂，抖动时声音发闷。

(2) 水印识别

人民币水印是在造纸中采用特殊工艺使纸纤维堆积而成的暗记，分满版和固定水印两种。如 1990 年版本，1 元、2 元券为满水印暗记，50 元和 100 元券为固定人头像水印暗记。新版人民币 5 元、10 元及 20 元券为固定花卉水印暗记，其特点是层次分明，立体感强，透光观察清晰。而假币则水印模糊，无立体感，变形较大，用浅色油墨加印在纸张正、背面，无须迎光透视就能看到。

(3) 凹印技术识别

真币的凹印图像层次清晰，色泽鲜明、浓郁，立体感强，触摸有凹凸感。如 1 元至 10 元券人民币在人物、字体、国徽、盲文等处都采用了这一技术。而假币图案平淡，手感光滑，花纹图案较模糊。

（4）荧光识别

如 1990 年版的 100 元和 50 元券人民币，分别在正面主图景两侧印有在紫光灯下显示纸币面额阿拉伯数字 100 或 50 和汉语拼音 YIBAI 或 WUSHI 的金黄色荧光反应，但整版纸张无任何反应。假币一般没有荧光暗记，个别的虽有，但与真币在颜色上有较大差异，并且纸张含有较明显的蓝、白荧光反应。

（5）安全线识别

真币的安全线是立体实物与纸张融为一体的，有凸起的手感。假币一般是印上或画上的颜色，如加入立体实物，会出现票面皱褶、分离的现象。此外还可以借助仪器进行检测，可以用紫光灯、放大镜、磁性仪等简便仪器对可疑票券进行多种检测。

3. 使用便携式验钞工具

紫光+红外验钞器（见图 2-69）采用光电激光技术制作而成，适用于人民币、美元、欧元、英镑等目前世界各地流通货币的防伪检验，同时还可以对各种税务发票、银行存折、信用卡、新版身份证及部分高档烟酒进行防伪检验。

（1）使用说明

先按下第一开关打开紫光灯，在钞票正面“中国人民银行”字样正下方可以看见本票面金额（如 100、50、20、10、5、1）金黄色荧光字样（如无金黄色字样则为假币）。按下第二开关打开红外灯，会看见一个小光点（如无小光点则为假币）。

（2）使用方法

使验钞器与票面呈垂直角度，并距离票面 3~5 cm，先按第一开

图 2-69　紫光+红外验钞器

关照出金黄色荧光字样，再按第二开关查看是否有小光点，每次按下开关 1~3 s，可以两个开关轮流按，以进一步确定是否有金黄色荧光字样或小光点。

（3）判定标准

紫光灯照出金黄色荧光字样，红外灯照出小光点为真币，两者缺一则为假币。红外光与紫外光均对人体有害，尤其是红外光为肉眼不可见光，且功率较大（50 MW），如使用不当容易对眼睛造成伤害。切勿将红外灯和紫外灯对着人体和眼睛照射。

五、发票知识

发票是单位和个人在购销商品、提供或者接受服务以及从事其他经营活动中开具、取得的收付款凭证。发票是财务收支的法定凭证，是会计核算的原始凭证，是税务稽查的重要依据。发票是加强财务会计管理，保护财产安全的重要手段，是维护经济秩序的重要工具。发票与收据的最大区别在于，发票须由经销商向税务机关购买，在销售后，要凭发票向国家缴纳税款；而收据仅是收费的证明，不是经销商纳税的依据。

1. 从税目上划分

（1）增值税专用发票

全国统一式样（发票票面冠以各省、自治区、直辖市的名称，如广东增值税专用发票、上海增值税专用发票等）。增值税发票能抵扣 17%的税款，即增值税税率为 17%。增值税发票一般是面向公司和单位的。

（2）营业发票

冠以本辖区名称且在辖区内统一式样的发票（由税务机关统一印制和供应，用票户申请领购使用）。

2. 从形式上划分

（1）手写发票

手写发票又称手工票，是指用手工书写形式填开的发票。这类发票按版面设计又可以分为常规式发票和剪开式发票。

（2）机打发票

机打发票又称机外发票，是指利用计算机填开并使用其附设的打印机打印出票面内容的发票，包括普通计算机用及防伪专用计算机用（如防伪税控机）发票。根据发票版面设计不同，这类发票又可以分为折叠式发票和平推式发票。

（3）定额发票

定额发票是指发票票面印有固定金额（定额）的发票。这类发票主要是为了便于一些特殊领域或有特殊需要的企业使用。

在快递领域中使用的发票，从税目看，使用最多的是营业发票；从形式看，使用最多的是手写发票和机打发票。

六、客户签署运单

1. 填写运单

称重计费后，须将快件的重量和资费写在运单的相应位置。快递员需要在相应栏目内写上工号或名字。

2. 签署运单

（1）手工签字

快递员应该礼貌地请客户在寄件人签署栏用正楷字写上寄件人的全名和寄件日期。如客户的签名无法清晰辨认，快递员应再次询问寄件人的全名，并用正楷字在客户签名旁边注上寄件人的全名。

（2）盖章签署

如果寄件人选择用盖章替代签字，则请寄件人在运单的寄件人签署栏盖上代表寄件人身份的印章，同时在日期栏写上具体的寄件日期。此时需要注意以下两点。

1）每一联运单都必须在寄件人签署栏盖章，且是同一个章，即确保每一联运单的盖章保持一致。如盖章内容不清晰，快递员应该询问寄件人的全名，并用正楷字在盖章旁边注上寄件人的全名。

2）如果客户的印章带有日期，可以不填写寄件日期；如果印章不带日期，则需要请客户填写寄件日期。

3. 注意事项

（1）任何时候快递员都不得代替客户签字，只能在寄件人签字或盖章不清晰时，在寄件人签名或盖章旁边注上清晰的寄件人姓名。

（2）不得涂改寄件人的签名或盖章，旁注寄件人姓名时，只能在寄件人签字或盖章内容的旁边写，不得覆盖或涂改寄件人原有的签字或盖章内容。

（3）时间填写须详细到分，填写格式为：××月××日××时××分。

七、运单、快递标识、随运单证的粘贴

1. 运单的粘贴

粘贴牢固是运单粘贴最基本的要求，在粘贴牢固的前提下，还要做到整齐、美观。

（1）运单粘贴位置（见图 2-70）

根据快件表面美观、大方的要求，以及从左到右的操作和阅读习惯，运单应粘贴在快件外包装的适当位置。运单与快件边缘以留出 5 cm 的距离为佳，并将表面的四个角落位置留出来，以备标识、随带单证的粘贴。

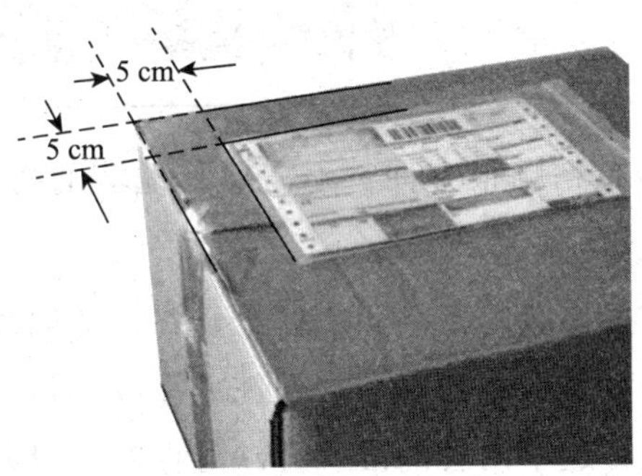

图 2-70　运单粘贴位置

（2）运单粘贴方式

各快递企业根据自身运单的特性采取不同的粘贴方式，不干胶运单直接粘贴和运单袋封装是两种最常见的粘贴方式。

1）不干胶运单直接粘贴（见表 2-15）。

表 2-15　　不干胶运单直接粘贴

操作步骤	图示
步骤 1　将运单背面的不干胶布面撕掉。注意：从打孔边撕比较容易，因为只有打孔边没有粘胶	

续表

操作步骤	图示
步骤 2　将运单左边的打孔边先贴到运单粘贴的位置，然后往右边平摸运单，使运单平整地粘贴在快件表面	 

①优点：运单粘贴很方便，不需要其他辅助物料；粘贴牢固，运单不会整份脱落。

②缺点：运单正面裸露，缺乏保护，容易造成污损、湿损、部分脱落；运送各环节直接在运单上标注或涂改，影响快件的美观和运单信息的完整；运单内容的准确性缺乏保障，因为裸露的运单方便增删修改。

2）运单袋封装。运单袋封装包括普通运单袋（不带不干胶）封装（见表 2-16）和不干胶透明运单袋封装（见表 2-17）两种方法。

表 2-16　　　　普通运单袋（不带不干胶）封装

操作步骤	图示
步骤 1　将运单平整装进运单袋内，并将运单袋口封好。注意：运单袋封口时，须赶出袋内的空气，以袋子与运单能贴在一起为准	
步骤 2　将装有运单的运单袋放在快件表面粘贴运单的位置	

续表

操作步骤	图示
步骤 3　用透明胶带将运单袋在快件表面粘牢。注意：为保证运单粘贴牢固，透明胶带要呈“++”形粘贴	

①优点：透明的运单袋对运单有保护作用，可避免运单污损或淋湿；不能随便修改运单内容，确保运单内容前后一致；运送各环节直接在运单袋上标注内容，保证运单信息完整，且不易被涂鸦。

②缺点：需要使用透明胶带粘贴，如果胶带粘贴不稳，则容易造成运单脱落。

表 2-17　　不干胶透明运单袋封装

操作步骤	图示
步骤 1　将运单平整装进运单袋内，并将运单袋口封好。注意：运单袋封口时，须赶出袋内的空气，以袋子与运单能贴在一起为准	
步骤 2　将运单袋背面的不干胶布面撕掉。注意：从袋口处撕，因为袋口处没有粘胶	
步骤 3　将运单袋左边先贴到运单粘贴的位置，然后往右边平摸运单袋，使运单平整地粘贴在快件表面	

①优点：透明的运单袋对运单有保护作用，可避免运单污损或淋湿；不能随便修改运单内容，确保运单内容前后一致；运送各环节直接在运单袋上标注内容，保证运单信息完整，且不易被涂鸦；由于使用不干胶直接粘贴，运单粘贴牢固，不易脱落。

②缺点：遇到特别冷的天气，不干胶的黏性会减弱，粘贴时须注意。

（3）运单粘贴注意事项

1）运单粘贴应尽量避开骑缝线，因为箱子被挤压时，骑缝线容易爆开，导致运单破损或脱落。

2）运单应粘贴在快件最大且平整的表面，避免运单粘贴皱褶。

3）不得使用有颜色或带文字的透明胶带覆盖运单内容，胶带不得覆盖条码、收件人签名、派件员姓名、派件日期栏等内容。

4）运单粘贴须保持平整，运单不能有皱褶、折叠或破损。

5）挤出运单袋内的空气再粘贴胶带，避免挤破运单袋。

6）如果是国际快件，须将相关的报关单据与运单一起装进运单袋内或者按照快递企业的具体要求操作。如果有形式发票，应将形式发票和运单一起装进运单袋内，或者按照快递企业的具体要求操作。

7）运单要与内件一致，避免运单错贴在其他快件上。

（4）不规则快件的运单粘贴

1）圆柱形物体的运单粘贴（见图 2-71）。若圆柱底面足够大（能平铺粘贴运单），可以将运单粘贴在圆柱形物体的底面，注意运单不得架在底面边缘，避免快件叠放时将运单磕破。例如，对油漆桶的粘贴，要将运单粘贴在其底面正中央位置，不得贴在边缘凸起上。

如果圆柱物体较小，底部无法平整粘贴运单，则将运单环绕圆柱面粘贴，注意运单号码不得被遮盖，如图 2-72 所示。为了使运单

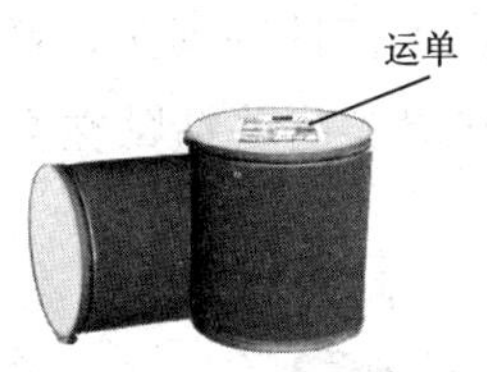

图 2-71　圆柱形物体的运单粘贴

图 2-72　较小圆柱形物体的运单粘贴

粘贴牢固，须加贴透明胶带环绕两底边粘贴运单，确保运单不会滑落。

2）锥形物体的运单粘贴。体积较大的锥形物体，选择能完整粘贴运单的最大侧面，平整粘贴运单，如图 2-73 所示。体积较小的锥形物体，如果单个侧面无法平整粘贴运单，可以将运单内容部分粘贴在不同的两个侧面，但运单条码必须在同一个侧面上，不能折叠，如图 2-74 所示。

图 2-73　较大锥形物体的运单粘贴

图 2-74　较小锥形物体的运单粘贴

3）小物品快件的运单粘贴（见图 2-75）。对于体积特别小，不足以粘贴运单（即运单环绕一周能将整个快件包裹起来）的快件

（通常称为小件），为了保护快件的安全，避免遗漏，建议将其装在文件封或防水文件袋中寄递。运单粘贴在文件封或防水文件袋的指定位置。

图 2–75　小物品快件运单粘贴

4）对于特殊包装的快件，运单粘贴应遵循以下原则：首先，运单的条码不得被覆盖，包括不得被物品覆盖和不得被颜色覆盖；其次，运单条码不得折叠，即运单的条码须在同一表面展示，不得折叠或在两个（含）以上表面上展示，如图 2–76 所示。

图 2–76　错误的运单粘贴方式

2. 快递标识的粘贴

（1）快递标识

快递标识是指按照快件的特点，对于易碎、保价、自取、陆运、航空等快件，在包装上用贴纸、图形或文字的形式标明，用以指示运输、装卸、处理人员在作业时需要注意的事项，以保证快件的安全。

（2）快递标识的粘贴方法

1）正面粘贴（见图 2–77）。与分拣直接相关的标识，为便于分拣操作，宜将其与运单粘贴在同一表面。例如，国际件标识、自取件标识。

2）侧面粘贴（见图 2–78）。向上、防辐射等标识应粘贴在快件侧面，以便于搬运、码放时能够很容易地识别。

图 2–77　正面粘贴快递标识　　　　图 2–78　侧面粘贴快递标识

3）三角粘贴。需要多面见到的标识，可以贴在包装箱的角上。例如，易碎标识，应斜贴在快件粘贴运单面的一角，另外两个角粘贴在其他两个侧面，如图 2–79 所示。

4）沿骑缝线粘贴。作为封箱操作使用，具有密封、不允许打开提示的标识，每票快件至少粘贴 2 张，要求每个可以拆封的骑缝线都要粘贴。例如，保价标识，应粘贴在每个表面的骑缝线上，起到封条的作用，提醒不允许拆开包装，如图 2–80 所示。

3. 随运单证的粘贴

随运单证包括代签回单、代收货款证明、形式发票、报关单、转运单等。各快递企业对随运单证的粘贴方式不一，有些企业将随

图 2-79　易碎标识粘贴

图 2-80　保价标识粘贴

运单证和运单一起放入运单袋，用胶带粘贴在快件上；有些企业会将随运单证和托寄物一起存放。

八、收寄信息上传

收寄信息上传是指快件成功收寄之后，将快件的相关信息录入快递企业的网格信息系统。

1. 收寄信息上传操作

进入手持终端快件信息上传的操作界面，各快递企业使用的信息不同，操作界面也不同。根据操作界面的提示，按要求上传相应的信息。在上传信息时需要注意上传的信息须与快递运单内容保持一致。

上传内容包括寄件人信息、收件人信息、寄递物品信息，资费、重量、寄件日期、寄件人签名等。快件收寄后应立刻上传相关信息与快递企业的信息系统对接，使寄件人及收件人可以凭运单号码查询快件状态。

2. 收寄信息上传的作用

（1）便于客户查询

收寄信息上传后，客户即可通过快递企业的快件查询系统，查询快件的实时信息，随时了解快件的流向和状态。

（2）便于快件配载计划制订

快件处理单位可以根据快件的重量信息，提前做好快件配载计划，提高操作的可控性和快件时效。

（3）便于财务收款

财务收款人员可以根据快件的资费信息，提前做好交款账单，使营业款交接更加准确、高效。

3. 收寄信息上传的要求

（1）真实性

上传收寄信息时，应如实记录，不得捏造。例如，寄件时未请客户签字，回到营业网点后，快递员替代客户签字，并将冒充的签名录入系统。

（2）完整性

完整录入收寄信息，便于快件信息查询。快递员不能为了省事而简化输入内容。例如，某客户的名字比较长，录入时只录入“某小姐/先生”，没有按照运单上的全名录入。

（3）及时性

及时上传收寄信息。快件收寄成功后，需要在快递企业规定的时间内上传收寄信息，以便客户查询快件派送的结果。

模块 5　收寄后处理

一、快件交接

1. 快件交接准备

（1）复核快件和运单

快件在运回营业网点的过程中，由于运输颠簸，可能会使快件或运单受损。在交接快件和运单之前，须对快件和运单进行复核，确保快件和运单完好，且两者相符。

1）检查快件外包装是否牢固。主要是通过“看、听、感、搬”四个动作，对快件的包装进行检查。如果检查有异常，须与营业网点的人员一起（至少两人同时在场）在摄像头的监控下，拆开包装，对快件进行检查和重新加固包装。

2）检查快件上的运单粘贴是否牢固。检查运单是否缺少或破损，如果运单缺少或严重破损，需要重新填写一份运单替代原运单。如果重新开单，须及时告知客户重新开单的原因，并将新的运单号码告知客户，以便客户查询。如果胶带粘贴或运单粘贴不牢固，须重新加固粘贴。

3）核对数量。核对运单数量与快件数量是否相符，一张运单对应一票快件。如果运单数量与快件数量不相符，须及时找出数量不符的原因并跟进处理。

4）检查运单是否填写完整。特别注意客户的电话号码、客户签名是否完整、正确，运单信息的完整性直接影响快件的信息流。

(2) 登单

登单是指快递员收取快件之后，须在固定的清单样式上登记快件信息。登记快件信息的清单叫作收寄清单。登记的内容包括快件的运单号码、重量、付款方式、目的地、寄件日期，以及快递员的姓名或工号等。

1）登单的方式。登单主要有手工抄写和电脑系统打印两种方式。

①手工抄写。手工抄写是指快递企业提供专门的清单样式，快递员按照样式要求将快件信息手工抄写在清单的相应位置。收寄清单一般为一式两联，其中一联交给处理人员，另一联由快递员留底保管。手工登单须注意字迹工整，抄写准确，尽量减少笔误。

②电脑系统打印。电脑系统打印是指快递企业操作系统中设计特定的清单样式，处理人员对交回的快件和运单扫描后，将数据上传至电脑系统，再通过电脑系统将快件信息打印出来。相对于手工登单，电脑系统打印的特点包括：节约操作时间，将更多的时间留给收取快件；系统打印的准确性高，不会出现笔误；可满足快件量大时对信息处理的需求，当快件量少时可手工抄写，但随着快件量的增长，手工抄写耗费的时间和精力会不断增加，且容易出现错误；手工抄写存在字迹不清或潦草的情况，电脑系统打印较手工抄写的内容更清楚易辨。

2）登单的基本要求。

①字迹工整。在手工填写收寄信息时，要字迹工整，以便于识别及判定信息的准确性。

②信息完整。各快递公司对登单的内容要求存在差异，但登单时务必根据清单的内容要求，将运单上的相应内容完整地登记在清单上。

③信息准确。在登单时，须按照要求将收寄快件的信息如实填写。

随着快递信息系统的应用，部分操作相对规范的快递企业开始逐步取消收寄清单的制作，只需在交接时核对快件和运单的数量即可，具体的快件信息可以通过系统进行查询或复核，这样可以节省清单制作的时间和成本。

2. 快件交接原则

（1）当面交接

快递员与处理人员须当面交接快件和运单，交接双方共同确认快件和运单信息无误。如果出现问题，可以现场解决或将快件和运单退回快递员处理，以便于明确双方责任。

（2）交接签字

交接双方在确认快件和运单信息无误之后，需要在收寄清单或特定的交接表格上对交接信息进行双方签字确认。然而，随着信息化的发展和员工素质的提升，部分快递企业已经简化了交接签字的环节，双方达成共识，交接的信息以系统信息为准。

3. 运单与快件一起交接

由于快件与运单是一一对应的关系，即一票快件对应一张运单。快件和运单（快递企业收件存根联）须同时交接，便于处理人员对运单和快件进行对比，及时发现运单或快件遗失的问题。

二、营业款交接

营业款交接主要是指快递员与快递企业指定的收款员之间的交接，即快递员将当天或当班次收取的营业款移交给快递企业指定的收款员。这里的营业款主要包括散单营业款、月结营业款等，散单是指当面结清的营业款，月结为定期结算的营业款。

快递员与收款员之间的营业款交接都是小金额交接，须当日结清。快递企业都规定了每日的交接时间，快递员须在规定的结算时间之前将当日的营业款移交给收款员。营业款移交不得延误，不得留在快递员处过夜。例如，某公司规定结算时间为 18：30，则快递员必须在每天的 18：30 之前将当天的营业款移交给收款员。

交接营业款时须使用规定的票据和结算凭证，即快递员将营业款交给收款员时，收款员或快递员须出示相应的收款账单或结算凭证；款项移交后，收款员开具相应的票据证明营业款已经移交。营业款交接具体流程如下：

1. 交款准备

快递员整理当天所收取快件的收款资料（如收寄清单，或抄写的营业款明细），备好当天收取的营业款，包括现金和支票。

2. 出具交款清单

收款员向快递员出具当天的交款清单。交款清单清楚地记录了该快递员当日每一票快件应收取的服务费用及服务费用汇总，是收款员向快递员收取营业款的依据。

3. 核对交款清单

快递员核对收款员出具的交款清单，可以通过收寄清单（手抄或打印）核对交款清单内容。如果核对有差异，则应及时与收款员确认。

如果营业款差异是快递员造成的，直接按照收款员的交款清单移交营业款。如果营业款差异是收款员汇总或录入人员录入差错造成的，快递员可以申请延迟交款，待更正交款清单后再移交营业款，但延迟交款须经部门负责人同意并签字。

4. 交款签字

交款清单无误，快递员应该按照交款清单的营业款总额移交现金或支票。在移交支票时，应在交款清单中登记支票号。款项移交后，交接双方在交款清单上签字，收款员向快递员开具收款票据，证实已接收款项。

第3单元

快件派送

模块1　快件派送准备

一、快件派送方式和流程

1. 快件派送方式

快件派送分为按址派送和网点自取两种方式。

（1）按址派送

按址派送是指快递员从接收需要派送的快件开始，在规定的时间内到达客户处，将快件交给客户并由客户在运单上签收后，在规定的时间内，将运单的派件存根联、收取的到付营业款以及无法派送的问题快件等统一带回派送网点，完成运单、款项、快件交接的全过程。

（2）网点自取

网点自取是指客户上门至快件所在的派送网点自取快件，快递员将快件交由客户签收后，在规定的时间内，完成运单、款项交接的全过程。

小提示

在按址派送不能实现或客户有特殊要求的情况下，也存在客户网点自取的情况，这种方式目前相对较少。

2. 快件派送流程

派送流程是指快递员在正确的时间和地点，向客户交付正确的快件，并在规定的时间内完成后续处理的过程。在快件派送的两种方式中，按址派送是目前快递服务的主流形式，具有便捷、灵活的特点。按址派送操作流程如图 3-1 所示。

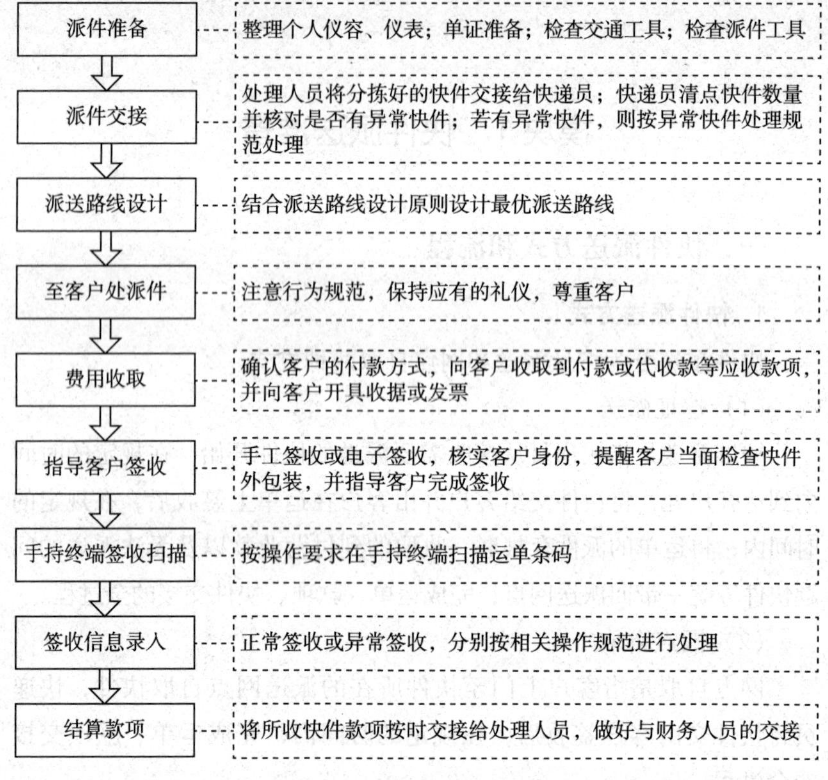

图 3-1　按址派送操作流程

二、快件派送工具准备

1. 手推车

手推车是一种平面运输设备，具有灵活、使用方便、便于存放、成本较低、有一定运载能力等特点，可以方便地实现货物的搬运，适合少量、小范围、临时短途运输。

（1）手推车类型

手推车的类型及优缺点见表 3-1。快递员可以根据所使用的运输工具、服务区域内的快件特点、派件场所的性质等选择合适的手推车。

表 3-1　　手推车的类型及优缺点

类型	优点	缺点	图示
不锈钢平板车	承载能力强，抗腐蚀性强、耐磨性好，使用寿命长，便于清洁	自重较重，价格较高	
铝制平板车	自重较轻，抗腐蚀性较强，便于清洁	承重能力一般，移动时噪声较大，使用寿命相对较短	
铁板平板车	价格相对较低，承重能力较强，便于清洁	自重较重，耐磨性较弱；抗腐蚀性较弱，移动时噪声较大，使用寿命较短	
铁制手推车	承重能力很强，价格较低，使用寿命长	自重较重，平板有空隙，不利于运送体积小的快件；抗腐蚀性较弱，移动时噪声较大	

续表

类型	优点	缺点	图示
窄板手推车	重量轻，可伸缩，携带方便，使用时噪声小	平板小且有空隙，不利于运送体积小的快件	

（2）手推车检查要点

手推车结构较为简单，主要由车板、扶手、脚轮组成。每一组成部分的性能及状态都会影响使用的便捷性、安全性及效率，因此，在使用前应对每个部位进行仔细的检查。

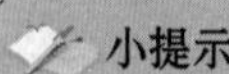

小提示

交通工具检查内容

1. 扶手是否完好，左右摇晃是否松动。
2. 平板部分是否完好，承载能力是否能满足所装运快件的总重量。
3. 脚轮是否可以灵活移动，刹车轮是否能正常使用。
4. 表面是否清洁，若有污物，须清洁其表面，避免污染快件。

2. 交通工具

常见的派件交通工具有助力自行车（见图 3-2）、电动三轮车（见图 3-3）、汽车（见图 3-4）等，出行前应确保交通工具的安全性，检查是否处于正常工作状态，并确保交通工具的清洁，防止污染快件。

图 3-2　助力自行车

图 3-3　电动三轮车

图 3-4　汽车

小知识

移动扫描设备具备实时采集、自动存储、即时显示、即时反馈、自动处理、自动传输功能，为现场数据采集的真实性、有效性、实时性、可用性提供了保证。

3. 移动扫描设备

（1）特点及种类

移动扫描设备属于数据采集器的一种，具有一体性、机动性、体积小、重量轻、高性能等特点，适合手持操作。它是将条码扫描装置与数据终端一体化的设备。

快递员用于采集快件收派信息的终端设备种类很多，如图 3-5 所示。手持移动扫描设备充电平台如图 3-6 所示。

图 3-5　手持移动扫描设备

图 3-6　手持移动扫描设备充电平台

（2）日常保养注意事项

1）减少对电池充放电的次数。尽量做到当系统提示电池电量不足时再进行充电。

2）在日常使用中防止过度放电。当系统提示电池电量不足时，应马上进行充电。过度放电会严重损害电池寿命。

3）在日常使用中防止过度充电。每次充电时当电池电量达到95%以上时就停止充电，使用座充时要计算好充电时间，防止将充满的电池再次放入充电器中。过度充电会严重损害电池寿命。

4）初次拿到电池以及每隔 3 个月左右对电池进行一次完全充

放电。

5）电池长期不用时，要从设备中取出放置，并保持电量在 50%左右。

6）要使用设备附带的触控笔在设备的屏幕上操作，不要用普通的圆珠笔、铅笔或其他尖锐物体在屏幕上操作。

7）定期使用 75%酒精沾湿一次性手套，拧干后擦净设备外观。

8）液晶显示器保护膜若磨损或不能完全贴合时应及时更换。

9）应使用 95%酒精沾湿一次性手套拧干后擦拭电池槽 6PIN 金属触点，再用干布擦净，应做到 2 次/月。

10）对设备要做到谁使用谁负责，专人专管。

4. 个人证件

个人证件是派送员在派送快件时可以向客户证明身份的证件，主要包括工牌（工作证）、居民身份证、驾驶证、行驶证等。

小提示

其他物品

出行派送前，快递员应携带足够的操作工具，如专用双肩背包、单肩挎包、名片、名章、裁纸刀、胶带、POS 机、零钱、开拆邮件记录单等。检查背包是否破损，锁扣拉链是否正常，保证整洁干净。根据天气情况，准备雨具、防滑链、风镜、手套及其他保证人身、快件安全的防护器具。

三、快件交接

快件由上一环节到达派送网点之后，派送网点的处理人员（不同快递公司对此岗位工作人员称谓不同，如仓管员、操作员、分拨员、内勤员等）负责对快件进行分拣。在分拣后，处理人员根据收件人名址、重量、快件类型等将快件交接给相应的快递员。

1. **交接原则**

（1）当面交接原则

快递员须当面与处理人员交接快件，交接双方共同确认快件状态。如果发现有异常，可以将快件交由场地处理人员处理或在派件交接清单中注明异常情况。

（2）交接验收原则

在交接快件时，必须做好交接验收工作，以便明确责任。“交接”与“验收”是一种并列关系，在交接快件时，一定要对快件的数量、重量、外包装、运单和名址等进行认真核对，验收无误后再进行交接。严禁“信任交接”“马虎交接”“替代交接”。

（3）签字确认原则

交接双方在确认快件无误之后，需要在派件清单上对交接信息进行双方签字确认。禁止无签字或过后补签交接。

随着信息技术在快递领域的应用和发展，部分快递企业已经简化了交接签字的环节，交接的信息以系统信息为准。

2. **核对交接快件数量**

（1）核对总件数

根据交接清单逐件核对总件数是否与实物数量相符。如果不相符，需要立即向处理人员反馈，并令双方再次确认交接件数。

（2）核对一票多件快件的件数

检查实际交接的快件件数是否与运单注明的件数相符。如果不相符，需要立即向处理人员反馈，与其确认快件是否未到齐或者遗失。

（3）核对到付快件、代收款快件的件数

到付快件、代收款快件因涉及向收件人收取相应的款项，通常金额较大，存在一定的风险。在一般情况下，快递企业规定此类快件交接时须进行逐票分类检查，单独清点，并在派件清单中注明。

（4）核对保价快件的件数

鉴于保价快件通常具有高附加值、易碎、对客户具有重要性的特点，为更好地实现对客户的承诺，很多快递企业对保价快件均有单独的派送及处理流程，而且快件流转的每个环节都需要交接双方签字确认。因此，保价快件在派送时，一定要单独交接并逐件点验数量，查验快件外包装、保价封签及重量是否有异常。

3. 检查交接快件

（1）检查快件外包装是否完好，封口胶带是否正常，是否有撕毁重新粘贴的痕迹。

（2）检查是否有液体渗漏情况。若轻微渗漏，则重新加固包装，安排试派；若渗漏情况严重，则交由快件处理人员处理。

（3）检查快件运单是否脱落、湿损、破损，运单信息是否清晰、明了。

（4）检查是否存在禁寄物品。如果发现禁寄物品，应当立即停止寄递，对各种反动报刊、书籍、淫秽物品、毒品及其他危险品，应当及时上报有关部门处理。

小知识

交接快件异常情况的处理

1. 如快件轻微破损且重量无异常，派送网点处理人员对快件进行登记，并在派件清单相应位置登记破损情况后，由快递员对快件进行加固包装并试派送。

2. 如果快件破损严重，且重量与运单填写重量不符，须将快件滞留在派送网点，由快件处理人员按照相关规定处理。

3. 如果发现封口胶带异常（如非本公司专用封口胶带、有重复粘贴痕迹等），应立即上报网点有关人员并交由其处理。

小知识

快件运单异常情况的处理

1. 如果运单脱落，应立即交由处理人员处理，并协助其查找是否有脱落的运单。

2. 如果发现快件运单粘贴不牢固，要用快递企业专用胶带粘贴牢固。

3. 如果运单模糊不清（通常由于涂改严重、在运输过程中磨损造成），但可以识别运单号码的，将快件交由处理人员利用运单号码进入相应的系统查看快件信息。待其确认并在运单上标示清楚后，再重新安排派送。

4. 如果运单轻微破损且不影响查看快件信息，则按照正常快件派送。

5. 如果运单出现模糊、严重涂改、破损等情况导致无法识别快件运单号码，快件处理人员可以通过系统查找此快件的运单号码及相应的信息，填写公司专用派送证明代替派送存根联并交给快递员，快递员按照正常的流程派送。

4. 检查快件收件人姓名、地址

（1）检查派送地址是否超出自身所负责的派送区域。

（2）判断收件人地址是否正确、详细。如果地址错误或不详，则需要按照运单上收件方电话及时与客户联系，询问其姓名及正确地址，确认后，按照正常快件派送。无法取得联系时，交给指定处理人员跟进处理。

（3）检查收件人姓名是否正确、具体，收件人姓名必须为全名。若出现姓氏后冠以“先生”“小姐”“职务”的，如“张先生”“王小姐”“李经理”等，可以先接收该快件进行试派。

5. 交接签字

派送网点处理人员将快件交接给快递员，经快递员对快件进行核对、检查无误后，由交接双方在相应的派件清单上签字确认。

各快递公司的交接清单格式内容存在差异，但一般都包括运单号码、重量、运费、付款方式、快件数量等交接信息。

四、快件排序

快件排序是指快递员为安全、高效、准确地完成快件派送，结合快件派送路线及快件时效要求，将需要派送的快件按照准确、及时的原则进行整理及排序，这是快件实现高效率派送的基础。

1. 派送段

派送段也称派送区域，快递企业根据业务量及快递员人数，将每个派送处理点的服务范围划分成多个派送段。

> **小知识**
>
> 一个派送段的区域范围主要是依据该派送处理点内各路段的业务量，并综合考虑快递员的工作时间划分的。一个派送段既可以是几条路段或一定的地理范围，也可以是一栋楼，甚至一栋楼的某几层。每位快递员负责其中一个或多个派送段的快件派送服务。

2. 快件排序原则

（1）根据优先快件或特殊业务排序，优先对有特殊要求的快件进行排序。

（2）根据快件时效排序。将派送时效要求相同或相近的快件放到一起，先排列时效要求高的快件，再排列时效要求低的快件。

（3）根据地址由近及远排序。按照派送段由近及远的顺序将快件整理、排列。选择由近及远的顺序派送，不仅可以降低劳动强度，也可以节省派送总时长。

（4）根据快件大小排序。大件先派送，可以减轻快件派送的劳动强度。

小提示

特殊快件的派送

1. 对于等通知派送的快件，客户有较严格的时间要求，可能具体到某一天，也可能具体到某一天的某一小时，必须根据客户要求的时间及时派送。

2. 保价快件一般具有高价值、易碎、对客户具有重要性等特点，随身携带的时间越长，遗失或破损的概率越大，对于客户、快递企业和快递员而言，都存在较大的风险，因此为了降低风险，对于此部分快件可以优先派送。

五、快件捆扎

为了防止快件在装运过程中散落、遗失，快递员须将一件或多件快件用捆扎材料扎紧，固定为一个集装单元，或者固定捆绑在运输工具上。在捆扎快件时，应根据快件的数量、重量以及体积，结合装运快件的工具（如托盘、包袋、手推车等）合理确定捆扎方式。

1. 快件捆扎材料

（1）常见捆扎材料见表 3-2。

表 3-2　　常见捆扎材料

名称	说明	图示
绑带	绑带是有弹性的捆绑物品用的带子，两端带有硬钩，便于捆扎物品时的拉伸。绑带最大的特点是弹力很强，拉伸范围可达100%~180%。绑带由于其高弹特性，在快件运输中被广泛应用 使用绑带时须注意： 1）绑带弹性很强，硬钩所钩拉的物体须稳固，钩子不能滑动、不能钩脱。避免绑带拉紧时突然弹开，对人身造成伤害 2）使用绑带前，确保绑带硬钩牢固，如果钩子松脱，须重新扎牢后方可使用。检查绑带是否有破损的迹象，如绑带破损须及时更换 3）使用绑带捆扎时，注意不要将绑带拉伸得过长，如果超过拉伸弹力范围，会拉断绑带	

续表

名称	说明	图示
绳子	绳子通常有尼龙绳、棉织绳等不同类型。绳子的特点是拉力强、耐腐蚀、重量轻，可以广泛用于起吊重物、船舶缆绳等。但是由于绳子缺乏弹性，在快件捆扎中使用得较少	
布条	布条是使用纺织纱编织而成的，编织牢固，更多地用于军事方面，如军用被包打包、军用水壶背带等。在快件捆扎上，布条可以用于捆绑少量快件。例如，在派送快件时，同一客户有几件大小规格相差不多的快件，可以将快件整齐地叠放在一起，使用布条将其捆绑，以便于携带	

（2）捆扎绳结

系绳结是人们日常生活中常见的活动，在快件处理及收派的整个过程中更是一项经常性工作，捆绑快件、固定快件、提起快件等都要用到绳结。打绳结既要牢固、易于解脱，又要迅速、美观。常用的打结方法有平结、反手结、绳索连接单编结、带结、套索等。

2. 快件捆扎方法

对于不同规格的快件，捆扎方法有所不同。

（1）体积较小或重量较轻的快件

5 kg 以下的快件，宜建立总包进行装车，总包应牢固加封。例如，文件封或牛皮纸袋包装的快件，派送时应采用集装的方式，即将快件整理后装入随身携带的背包或挎包内，如图 3-7 所示。体积较小能装进背包或挎包的其他包装快件，也应整理排序后与文件封包装的快件一起集装。

图 3-7　将快件整理后装入背包

小提示

注意应将背包或挎包的袋口封上，如袋口有绳子的，将绳子拉紧，打上反手结，既便于解开，又可以避免快件掉出、淋湿或被盗。

（2）体积小但无法装进背包或挎包的快件

1）按照派送顺序整理，将派送到同一地址或相近地址的快件叠放起来，使用布带等将其捆绑在一起，便于上门派送时携带，如图 3-8 所示。

图 3-8　将快件叠放后捆绑

2）如果快递员有较大的集装袋，可以将快件整理后装入集装袋，如图 3-9 所示。整理摆放快件时须遵循先派后装、重不压轻的原则，将体积和重量相近的快件集装在同一袋内。如果快件体积较大或重量较重，则须单独捆扎，避免压坏袋中其他快件。使用集装袋装载快件既省去了捆绑的麻烦，也便于携带。

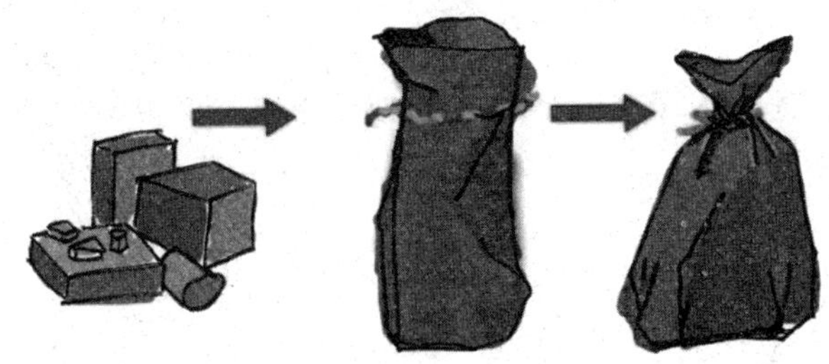

图 3-9　将快件整理后装入集装袋

（3）体积大或重量重的快件

体积大或重量重（5 kg 以上）的快件可以单独装车（见图 3-10），码放遵循大不压小、重不压轻、易碎件单独摆放的原则。这类快件无法集装，需要使用绑带直接捆扎到交通工具上。

图 3-10　将体积大或重量重的快件单独装车

小知识

捆扎注意事项

1. 在捆扎前，检查快件的重心是否偏移，如重心偏移，须重新摆放快件再进行捆扎。在捆扎时，也应注意对快件进行轻重搭配，保持运载工具平衡，避免重心偏移。

2. 注意捆扎力度，确保快件捆扎牢固，同时力度也不要太大，避免勒坏快件包装。

3. 雨雪雾天气，在捆扎快件时，注意在快件上加盖防雨用具，如雨布、雨衣、塑料薄膜等。

4. 如果为不规则快件，则需要注意捆扎方式。如快件长度较长，注意与车辆长边平行捆扎，不能横着捆扎，以免阻碍路人或车辆通行。

5. 对于特别大、特别重的超出快递员运载能力的快件，应由专门的派送车辆和人员负责。

6. 表面有突出钉、钩、刺的快件，须单独携带，不得与其他快件捆扎。

六、快件装卸及搬运

装卸是指在指定地点以人力或机械将物品装入或卸下运输设备。搬运是指在同一场所内，对物品进行以水平移动为主的物理作业。

小提示

在实际操作中，装卸与搬运是密不可分的，两者是伴随在一起发生的。在派送过程中，快件的装卸、搬运都是短距离、小范围的，而且基本是人工操作，因此在操作过程中应该注意操作细节，确保人身以及快件的安全。

1. 装卸及搬运过程中的人身安全

在快件装卸和搬运过程中，快递员必须严格按照装卸和搬运的操作规范、注意事项进行操作。如需要借用相关的装备时，须按要求使用，不能因嫌麻烦而忽略安全操作要点，切实做好自我保护工作。此外，在快件全部装车后，应当对车辆进行封车，对分拣现场进行清理，防止快件遗落。

（1）在搬运快件之前，应采取防护措施，戴防护手套、穿防护鞋、佩戴护腰等，如图 3-11 所示。

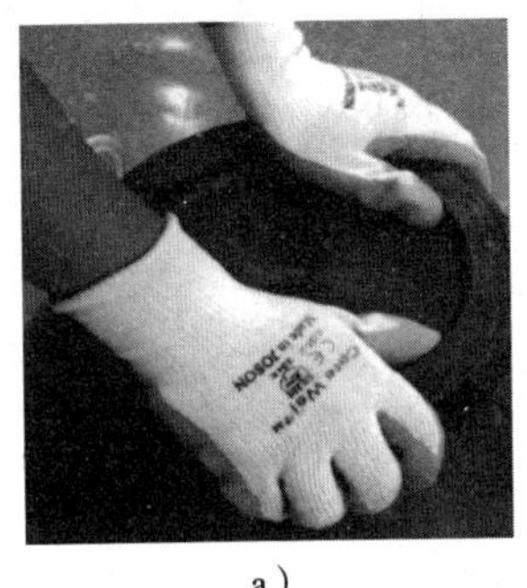

a）

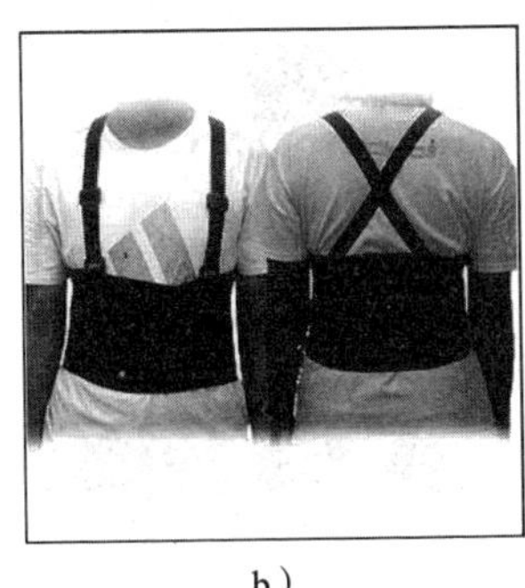

b）

图 3-11　搬运快件前做好个人防护

a）防护手套　b）护腰

（2）在搬运快件之前，检查物体上是否有钉、尖片等，以免受到损伤。

（3）单手搬运快件时，应用手掌紧握（见图 3-12a），不可用手指抓捏（见图 3-12b），以免脱落。

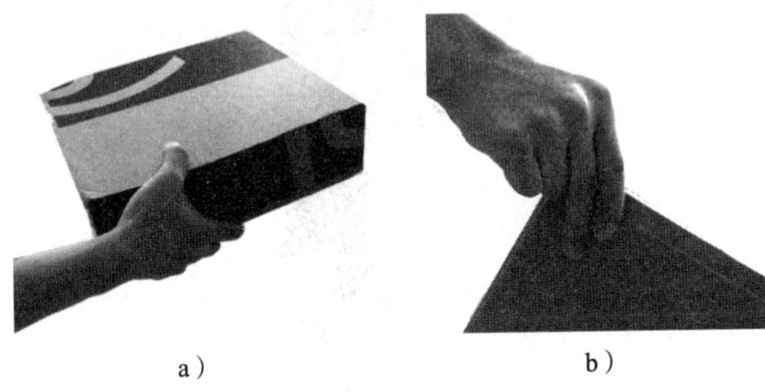

a）　　b）

图 3-12　单手搬运快件

a）用手掌紧握　b）用手指抓捏

（4）双手搬运快件时，靠近重物，身体蹲下，用伸直双腿的力量，缓慢、平稳地将重物搬起（见图 3-13a）。不要弯腰用背脊的力量搬重物（见图 3-13b），不要突然猛举重物或扭转躯干。

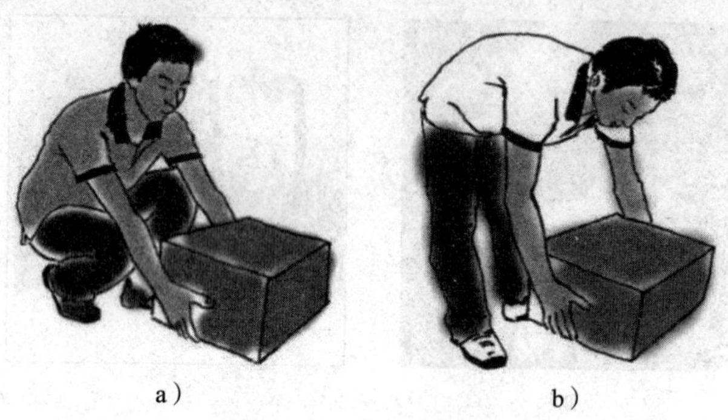

a）　　　　b）

图 3-13　双手搬运快件

a）正确双手搬运展示　b）错误双手搬运展示

（5）当传送重物时，应移动双脚而不是扭转腰部（见图 3-14）。当需要同时提起和传递重物时，应先将双脚指向欲搬运的方向，然后再搬运。

图 3-14　扭腰传送重物

（6）不要一下子将重物提至腰以上的高度，而应先将重物放于半腰高的工作台或适当的地方，纠正手掌的位置，然后再搬起。

（7）在搬运重物时，应特别小心工作台、斜坡、楼梯及一些易滑倒的地方。搬运重物经过门口时，应注意门的宽度，以防撞伤或擦伤手指。

（8）在搬运重物时，重物的高度不要超过人的眼睛，错误示范如图 3-15 所示。

图 3-15　搬运重物高度超过眼睛

（9）当有两人或两人以上一起搬运重物时，应由一人指挥，以保证步伐统一，同时提起、放下物体。

（10）当用小车运物时，物体要在人的前方，如图 3-16 所示。

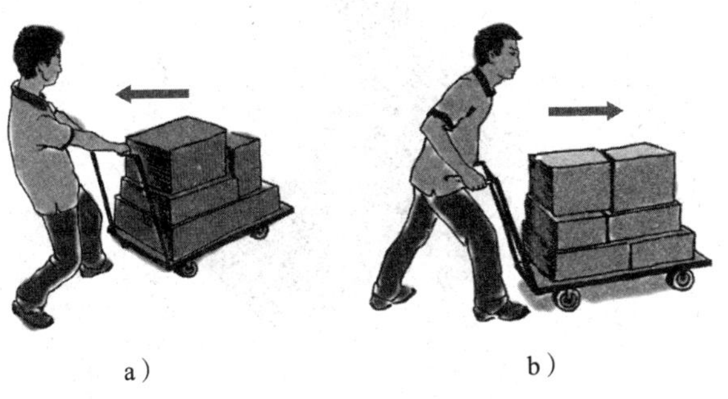

a）　　b）

图 3-16　小车运物方向

a）小车运物错误展示　b）小车运物正确展示

（11）快件不能挂在助力自行车的车把上（见图 3-17），以防影响车辆刹车或拐弯。

图 3-17　车把上挂快件

2. 装卸及搬运过程中的快件安全

在进行装卸和搬运操作时，除了保障人身安全以外，也要注意快件的安全，在操作过程中注意细节，保护每一票快件。

（1）在装载和卸载环节，应对快件轻拿轻放，普通快件离地面 30 cm 方可脱手，易碎快件须离地面 10 cm 以内方能脱手，不能直接放手任凭快件掉下，避免震坏内件，如图 3-18 所示。

图 3-18　正确放置快件

（2）严禁站在快件上进行作业。快件堆放较高时，应使用辅助工具，如凳子或人字梯等，不得站在快件上进行作业。

（3）严禁扔、抛、踢、压、踩、坐、拖、拽快件。任何装卸环节，如果无法一步卸到指定位置，须采用多人传递或单人搬运的方式，不得为了少走几步路而对快件进行猛拉、拖拽、抛扔等破坏性动作，要确保快件不受损坏；需要移动快件时，须双手搬运，不得用脚踢或者在没有任何承托物的情况下在地面推动快件；任何时候不得踩压快件（见图 3-19），或者坐在快件上。

图 3-19　踩压快件

（4）小件快件未装进包内之前，应装在指定的塑料筐或其他装载工具中，不得直接摆放在地面上，以保证快件的干净、整洁，避免遗漏。

（5）用助力自行车这类两轮交通工具派件卸车时，注意检查卸下快件后，车辆的重心是否偏移。如果偏移，须调整剩余快件的位置并重新捆扎。

（6）对包装不够牢固的快件，在派送前应先进行加固（见图 3-20），以确保快件派送的安全。

（7）装车时遵循“大不压小、重不压轻、先出后进、易碎件单独摆放”的原则。快件在装车时，须先装载大货和重货；先装后派送的快件，后装先派送的快件；易碎件须单独摆放，避免受到其他快件的挤压。

图 3-20　派送前加固快件

（8）对于零散小件快件，先装袋后再码放装车，如图 3-21 所示。不能倒置的快件须按正确方向放置。

图 3-21　零散小件先装袋后码放装车

（9）在半装车时，应阶梯形码放（见图 3-22），而不能垂直码放，避免运输途中快件波动带来的车辆不稳和快件损坏。若一辆车有两个及以上的卸货点，须用物流隔离网将不同卸货点的快件隔离，并固定隔离网的位置，防止车辆中途颠簸导致快件混散，如图 3-23 所示。

图 3-22　快件阶梯形码放

图 3-23　车辆中途颠簸导致快件混散

（10）快件重量不超过车辆核定的装载重量，即不能超过行驶证上标注的允许装载重量，如图 3-24 所示。

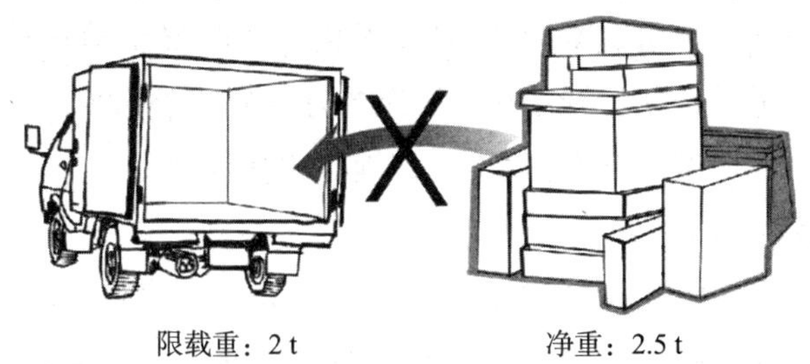

图 3-24　严禁车辆超重超载

（11）快件的长度和宽度不能超出车厢或交通工具的长度和宽度，如图 3-25 所示。

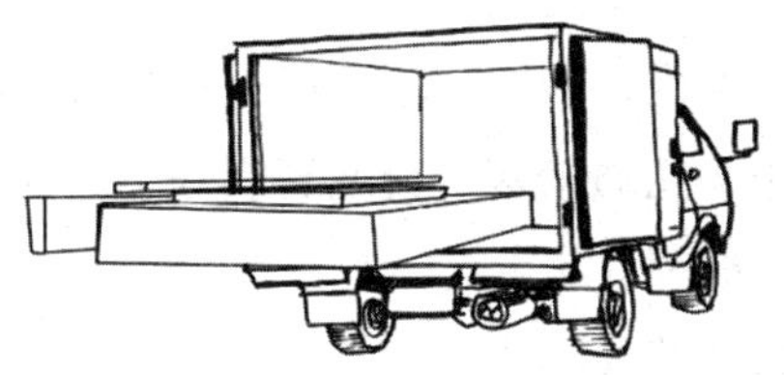

图 3-25　严禁快件超长、超宽

模块 2　快件派送服务

一、派送路线设计

派送路线是指将快递员派送快件时所经过的运输或派送的地点或路段，按照先后顺序连接起来所形成的路线。派送路线是快递员派件所走的轨迹，合理设计派送路线可以节约派送时间，提高派送效率。派送路线的设计应考虑以下原则。

1. 保证快件安全

快递服务的宗旨是将快件完好无损、及时安全地送达收件人。保证快件安全，选择的派送路线路况要好（路面质量好、车道宽敞、车流量较少，坡度和弯度密度小），地点不能很偏僻。

2. 保证派送时限

快件派送时限是指至客户处成功派送快件，完成运单和款项交接等活动的最大时间限度。为了更好地服务客户，完善快递企业的快递服务产品，快递企业通常都会向客户承诺快件派送的时限，即收寄快件时向客户承诺的最晚派送时间。影响派送时限的因素主要有以下五点。

（1）当班次派送件量过大。

（2）在同一班次内，因客户不在而进行二次派送。

（3）天气变化、交通堵塞、交通管制等不可控因素。

（4）派送车辆故障。

（5）选择的派送路线不当。

3. 优先派送优先快件

优先快件是指因时限要求、客户特殊要求等原因，需要优先安排派送的快件。优先快件主要有以下三种类型。

（1）时限要求高的快件，如同时有即日达、次日达快件需要派送，应优先派送即日达快件。

（2）客户明确要求在规定时间内派送的快件，如等通知派送的快件，需要在客户要求的时间内完成派送。

（3）二次派送的快件，即首次派送不成功，客户要求再次派送的快件。

4. 优先派送保价快件

保价快件一般具有价值高，对客户重要等特点。保价快件一旦丢失，会给快递企业和客户带来非常严重的损失。快递员携带保价快件在路上行走的时间越长，快件丢失或损毁的概率越大。为了降低风险，在不影响其他快件派送时限的情况下，优先派送保价快件。

5. 先重后轻，先大后小

先重后轻是指优先派送重量较重的快件，再派送重量较轻的快件；先大后小是指优先派送体积较大的快件，再派送小件快件。由于重的或体积大的快件其装卸搬运劳动强度大，优先处理可以减轻派件作业的难度。

此原则只针对非轻泡货件，若既有非轻泡件又有轻泡货件时，则须根据实际情况灵活处理。

6. 减少空白里程

空白里程是指完成当班次所有快件派送所行走路线的实际距离，减去能够完成所有快件派送的有效距离。空白里程产生的是无用功，不仅增加快递员的劳动时间和劳动强度，还影响快件的派送时限。造成空白里程的原因有以下四个方面。

（1）对派送段所包含的路段、地址、门牌号不熟悉，导致在派送时绕路。快递员在派送快件前，应熟悉派送段，掌握每条路段、街道所包含的门牌号，商场、超市、学校等场所需要了解其布局，确保能以最短距离到达收件客户处。

（2）排序时未将同一客户的多票快件排在一起，导致多次派送。快件排序时，需要注意将同一客户的多票快件整理到一起同时派送，避免多次派送。

（3）派送路线交叉过多或重叠。快递员对于同一个派送段，应掌握多条派送线路，以最佳方式派送。

（4）信息滞后，如对交通管制、封路信息掌握不及时，导致绕道而行。快递员须及时掌握派送段内的路况信息，避免因交通管制或道路维修而绕路，增加空白里程。

7. 考虑道路情况

派送路线的设计，需要综合考虑派送段的路况、车流量，当班次的快件数量，快件时效要求等因素。

（1）遵守道路运输相关法律、法规，选择允许派送车辆行驶的路段。

（2）避开车流量或人流量较大的路段，减少运输时间。

（3）减少运输时间，尽量避免在十字路口行驶，减少等待红灯时间。

（4）选择路况较好的路段，包括路面质量好、车道宽敞、车流量较小、坡度和弯道密度小等路段。

合理设计派送路线对于派送工作的有效完成具有重要作用，具体体现为：有利于满足快件时效要求，实现派送承诺；节省行驶和派送时间，降低劳动强度；节省运输成本，减少车辆损耗。因此，在派送前一定要做好派送线路的设计。在实际操作中，派送路线的设计需要综合考虑各项原则，如果这些原则不能同时满足，则首先应满足根本原则，其次再满足其他原则。

二、快件派送时的安全保管

快递员在提供门到门快件派送服务时，对尚未派送且无法随身携带的快件应做安全保管。为此，快递员应严格按照以下原则进行操作。

1. 对于体积较小的快件，严格按照捆扎或集装要求，将快件装入随身携带的背包或挎包内，确保小件不离身。

2. 对于不能装入包内，也不便于捆扎的快件，使用集装袋集装，集装袋须随身携带。如果集装袋较重，可以借助小推车等工具。

3. 对于体积较大不能装入背包或挎包，且无法随身携带的快件，交通工具也没有密封条件的，在派送过程中，要保证车辆在可视范围内或在监视器可视范围（5 m）内停放方可投递。

4. 在投递过程中，妥善放置其他未投递的快件，不能将快件单独放置在无人看管的地方。严禁委托他人投递和保管快件，严禁将邮件交给他人翻阅。

5. 使用汽车派送时，快递员离开时必须拉手刹、熄火、锁闭门窗；离开车辆或车辆开启前，检查车门附近是否有遗漏快件，如图 3-26 所示；下车后在快件取放过程中，禁止随意放置，以免造成遗忘丢失。使用电动三轮车投递的，离开前锁好车辆及箱体，装有快件的背包必须随身携带。

图 3-26　检查车门附近是否有遗漏的快件

三、快件派送流程

1. 到达客户处派送快件

（1）快递员应先识别快件派送地址，电话联系收件人，确认地址并且预约派送时间。

（2）若有代收款业务，结算方式为现金结算且金额较大，则须提前通知客户，告知客户应付金额，请客户提前准备应付款项。

小知识

如果客户是老客户，且运单上的地址属于固定的办公地址，可以不经过电话联系，直接上门派送。

如果客户地址是酒店、宾馆、车站、场馆等临时场所或学校、住宅小区，应在快件派送前致电客户，询问客户的具体地址和是否有人签收快件。

如果收件人是单位名称，投交收件单位收发室或前台，有联系电话的要及时告知相关收件人。

（3）快递员将快件派送到客户处，为了快件的安全，防止他人冒领，应在核实客户身份后方能派送。快递员应该要求查看客户的有效身份证件，并核实客户名称与运单上填写的内容是否一致。如果客户没有随身携带有效身份证件，快递员应根据运单上收件人的电话号码与客户联系，确认收件人。

（4）快递员将快件派送到客户处，如果客户不在，快递员必须根据运单记载的收件人电话，及时与收方客户联系。

1）如与收方客户取得联系，且收方客户指定其他人代签收的，须仔细查看代收人有效身份证件，待确认代收人的身份后，交由代收人签收快件，同时应告知代收人的代收责任，并在快递签署栏注明“代收”字样。

2）若收方客户不指定代收人，则与客户约定再次派送时间并在运单或快件上注明。约定时间在当班次内，按约定时间上门派送；约定时间超出当班次时间，将快件带回派送处理点交处理人员跟进。

3）若快递员未能与收方客户取得联系，需要留下派送通知单，告知客户快件曾经派送。派送通知单应包括快递员名称、联系电话、本次派送时间、下次派送时间、快件运单号码等内容。派送通知单样例如图 3-27 所示。

（5）严禁擅自将快件投交收发室代转。对于不许快递员入内投

派送通知单

___________公司先生/小姐，您好：

由___________寄给您的单号为_____________的快件已到，于______月______日______时第______次派送，因无人签收，现带回公司。第______次派送时间为______月______日______时，请注意接收。如有紧急派送需求，请联系快递员。

特此告知。

快递员：

联系电话：

图 3-27　派送通知单样例

交快件的军政保密单位，可以将快件投递到该单位收发室，但必须同该单位签订邮件投递协议书，由收发室负责将快件及时、安全地转交收件人。同时，快递员电话告知收件人快件已妥投。邮件投递协议书样例如图 3-28 所示。

（6）快件投递完毕，要查看车上、容器、背包内有无遗漏未妥投的快件，如图 3-29、图 3-30 所示。

2. 提示客户验收快件

（1）收方客户身份无误，快递员将快件交给收件人时，应当告知收件人当面验收快件，提请客户对快件外包装的完好性进行检查。若包装完好，由收件人签字确认。如果外包装出现明显破损等异常情况，快递员应当告知收件人先验收内件再签收。如果是一票多件快件，须提醒客户清点快件件数，快件的实际件数须与运单上所填写的件数一致。

（2）如果因快件外包装破损或其他原因导致客户拒绝签收快件，快递员应礼貌地向客户做好解释工作，并收回快件。快递员应当在快递运单上注明情况，并由收件人（代收人）和快递员共同签字；收件人（代收人）拒绝签字的，快递员应当予以注明。

编号：

邮件投递协议书

甲方：

乙方：

鉴于限制甲方进入乙方单位内进行服务的特殊要求，为保证邮件“迅速、准确、安全、方便”送达，经甲、乙双方协商，同意签订邮件投递协议如下：

一、甲、乙双方应按商定的方式投递邮件。

二、甲方投递邮件包括甲方业务范围内需投递的各类邮件。

三、乙方应指定邮件接收地点、时间及人员。

四、经双方共同协商，甲、乙双方的邮件交接方式为：

（1）投门卫传达室 □　　（2）投内部收发室 □

（3）投物业管理部门 □　　（4）其他：（具体说明） □

五、甲方投递人员必须在邮件投递前通知收件人（有电话联系方式的）。

六、本协议自签订之日起生效，任何一方废止协议须以书面方式通知对方（提前15日），并协商其他投递方式。

七、本协议有效期一年，协议到期时，双方若无异议，自动延期一年。

甲方（章）　　乙方（章）

经手人签字：　　经手人签字：

日期：　　日期：

图 3-28　邮件投递协议书样例

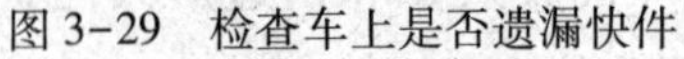

图 3-29　检查车上是否遗漏快件　　图 3-30　检查背包内是否遗漏快件

四、到付款和代收款

1. 到付款

（1）到付款的概念

到付是指快件寄件人与收件人达成共识，由收件人支付快递服务费用的一种付款方式。收件人所支付的快递服务费用称为到付款。到付款是寄件人寄件时与快递公司共同认可的费用，收件人完成快件外包装查验后，按照运单上注明的费用支付即可，不需要再次称重计费。

（2）到付款结算

快递员与收件人之间结算到付款时，收件人可以选择的付款方式有：到付现结、到付记账、到付转第三方支付三种形式。

1）到付现结是指收件人验视快件外包装无误后，对于到付的快件，在派件现场将到付款交给快递员的一种支付方式。由于快递到付款的数额不会特别大，到付现结是最常用的到付款结算方式。

2）到付记账是指由收件方客户（个人或企业）与快递公司达成协议，快递公司赋予客户一个记账账号，客户在约定的付款周期内支付到付款。到付记账的客户通常都是快递企业大客户或长时间合作的客户，客户与快递企业之间的信用度都很高。

3）到付转第三方支付是指收件人本人不支付快件到付款，经收件人与第三方（付款方）共同确认后，由第三方支付快件到付款项。采取这种支付方式时，快递员应确认第三方同意支付或已经支付到付款后，方可将快件派送给收件人。到付转第三方支付的方式不太常见，通常在收件人及第三方客户都是快递企业大客户或长时间合作的客户，彼此交易频繁且信用度高的情况下才会使用。

2. 代收款

（1）代收款的概念

代收款是指快递企业与寄件人签订协议，寄件人通过快递企业发货时，由快递企业代寄件人收取的款项，通常有货款、税款、海关签贴费、商检费等。寄件人有代收款需求时，须向快递企业提供代收款相关单据，通常为收据或发票。快递员根据收款凭证所载金额向收件人收取代收款。需要注意的是，所有代收款必须当场现结，不能采用记账或第三方支付的方式。

（2）代收款服务

快递企业所提供的代收款服务是指由快递企业向买卖双方用户提供货款资金流与实物流的一种综合解决方案，是由快递企业将卖方用户与买方用户达成交易协议的商品配送到买方用户，并代替卖方用户向买方用户收取货款的一种特殊业务。寄件人须向快递企业提供正式收款凭证，通常为收据或发票。

1）代收款服务主要解决的问题。

①电子商务交易的货款代收。因电子商务交易中买卖双方不能见面，彼此缺乏信任和了解，买方希望电子商务交易仍能像传统交易方式一样，在收到有关商品后才付款，而卖方担心送货后收不到相应款项，希望先收款后送货。代收款服务为买方和卖方提供了一种双方都能接受的方案。快递员在配送卖方商品到买方处时，买方将有关货款支付给快递员便能取得商品，而快递员将代收的货款交回快递企业，由快递企业与卖方另行结算。

②电子商务交易的商品取送。能够提供快捷的快递服务，并在网上提供商品配送情况追踪查询。

2）代收款凭证样例（见图 3-31）。

3）代收款服务注意事项。

①提前致电核实客户信息。代收款快件派送前，须先致电预约客户，确认客户身份、地址、派送时间，并请客户准备相应货款，可以使用现金或支票。

②注意财务风险控制。快件派送时，如需要代收款的金额较高

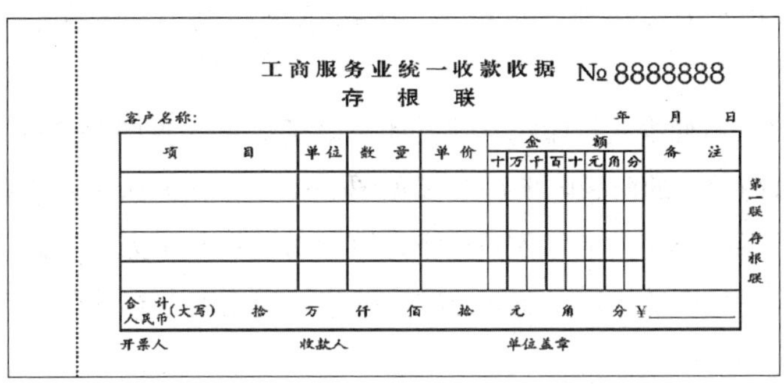

工商服务业统一收款收据　№ 8888888

存　根　联

客户名称：　　　　　　　　　　　年　　月　　日

项　　　目	单位	数量	单价	金额								备注
				十	万	千	百	十	元	角	分	
合计人民币（大写）　拾　万　仟　佰　拾　元　角　分 ￥												

开票人　　　　收款人　　　　单位盖章

第一联　存根联

图 3-31　代收款凭证样例

或代收款快件较多，处理人员应调配其他人员协助快件派送，确保快件和代收款的安全。

③核实收件人身份。派送代收款快件，必须查看收件人的有效身份证件，确认收件人的身份。如果由代收人签收快件，则须在运单上写明代收人的有效身份证件号码。

④提醒收件人查验快件。如果由于寄递物品质量不符合要求，或者寄递物品不是收件人所需要的物品，客户拒绝支付代收款，快递员应在第一时间将异常情况上报快递企业的相关负责人。

五、指导客户正确签收快件

1. 揭取运单

（1）背面带胶直接粘贴的传统运单，快递员右手拿着需要客户签字的运单用力拉，即可将运单取下，如图 3-32 所示。粘贴在快件上的随货联不需要取下。

图 3-32　揭取运单

（2）使用运单袋粘贴的运

单，要用小刀轻轻划开运单袋，将运单全部取出，注意不得划坏运单。

（3）由便携式打印机直接打印出电子运单（见图 3-33）。对适用于电商用户的两联电子运单（见图 3-34），在派送时直接将快递企业留存部分（上半部分）撕下即可；对适用于个人用户的三联电子运单（见图 3-35），在派送时直接将快递企业留存部分（最上面部分）撕下即可。

图 3-33　电子运单打印

图 3-34　两联电子运单

（4）快递员需要在运单的指定位置写上本人的姓名或工号。

2. 客户签收快件

客户签收快件可以采取手工签字、盖章签署、电子签收三种方式。无论采取哪一种方式，客户都应在外包装检查完好的情况下签字，而不能在打开外包装后再签字。

（1）手工签字

快递员应该礼貌地请客户在收件人签署栏签名和收件日期，如

图 3-36 所示。如果客户的签名无法清晰辨认，快递员应该再次询问收件人的全名，并在客户签名旁边注明收件人的全名。任何时候快递员都不得替代客户签字。

230 081223975402 1

寄件方：
李四　133****1245
北京北京市西城区北礼士路**号*** ***** ** **

目的地
755

收件方：
赵六　189****7878
广东深圳福田区**路新万基商务大厦*座****号

收方签名：　收件时间：

派件存根联

寄件方：
李四　133****1245
北京北京市西城区北礼士路**号*** *****

收件方：
赵六　189****7878
广东深圳福田区**路新万基商务大厦*座****号

收件人存根联

230 081223975402 1

寄件方：
李四　133****1245　北京北京市西城区
北礼士路**号*** ***** ** ****

收件方：
赵六　189****7878　广东深圳市福田区
路新万基商务大厦*座**号

寄件人存根联

图 3-35　三联电子运单

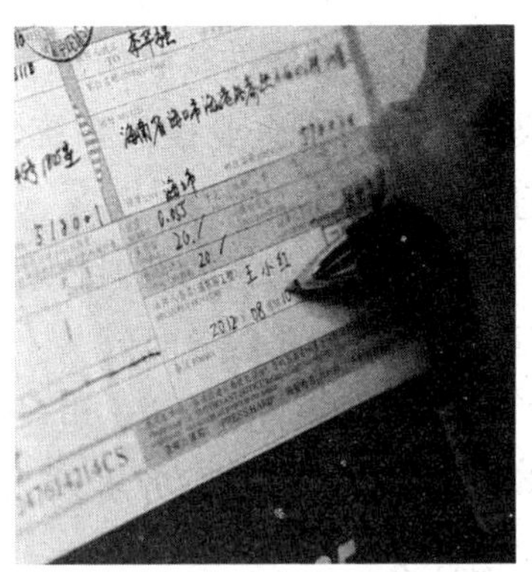

图 3-36　客户在收件人签署栏签名和收件日期

（2）盖章签署

如果收件人选择用盖章替代签字，则请收件人在运单的收件人签署栏盖上代表收件人身份的印章，同时在日期栏写上具体的收件日期。

1）盖章时的注意事项。每一联运单都必须在收件人签署栏盖章，且是同一个章，即确保每一联运单的盖章保持一致。如果运单内容不清晰，快递员应该询问收件人的全名，并用正楷字在盖章旁边注上收件人的全名。

2）日期填写时的注意事项。如果客户的印章带有日期，则不需要重新填写；如果印章上没有日期，则需要请客户填写日期，或在收件人的监督下，由快递员填写具体的时间。

（3）电子签收

电子签收是指快件派送后，客户在移动扫描设备屏幕上进行签名确认，并由移动扫描设备即时将签名图片传输到快递企业信息系统。

1）电子签收的作用。

①即时反馈快件签收信息。电子签收完成后，签收信息会即时自动上传至快递企业信息系统，客户可以通过系统即时查询签收信息。

②保证快件派送的及时性、安全性。让客户监督快递企业的实际服务时效和承诺服务时效。

③对于快递企业来说，电子签收服务是一项为客户提供的增值服务，可以提高自身服务质量，提升企业品牌服务形象，有利于新客户的开发。

2）电子签收的注意事项。

①任何时候，快递员都不得代替客户签收或者伪造电子签收。

②电子签收只能使用配套的触控笔，以免损伤屏幕；同时提示客户书写时稍微用力，使书写内容可以识别即可，无须重复书写。

③企业须保证电子签收信息的安全性与保密性，仅用于客户对快件签收的确认和识别。

模块 3　快件派送后处理

快递企业的快件派送后处理相当于快件产品的售后服务，也是快递服务一个的非常重要环节。

一、派送信息录入

派送信息录入是指快件派送后，将运单号码、派件时间、派件快递员名称、收件人签名等内容录入快递企业的信息系统。

1. 录入操作

进入计算机信息系统中快件信息录入的操作界面，由于各快递企业使用的应用软件不同，操作界面也不同。快递员可以根据系统操作界面的提示，按要求录入相应的信息。录入时须注意录入的信息必须与快递运单内容保持一致。

使用手持终端的揽投机构，快递员应按照选项逐步进行操作，确保所投快件全部使用手持终端进行信息录入，如图 3-37 所示。

图 3-37　使用手持终端进行信息录入

2. 录入内容

录入内容主要包括投递结果、签收人姓名、代收关系、投递时间、未妥投原因等。信息录入后要立刻上传，与快递企业的信息系统对接，使寄件人及收件人可以凭运单号码查询快件的派送情况。

3. 录入要求

（1）真实性

快递员在整理录入派送信息时，应如实记录，不得捏造。例如，快递员在派件时未让客户签字，回到派送处理点后替代客户签字，并将冒充的签名录入系统，这种做法需要严格禁止。

（2）完整性

快递员应该将所有派送信息完整录入系统，不能为了图省事，只录一部分内容或进行简化输入。例如，某客户的名字比较长，快递员只录入“×小姐/先生”，没有按照运单上的全名录入，这种录入操作是错误的。

（3）及时性

快件派送成功后，快递员需要在快递企业规定的时间内及时录入派送信息，以便寄件人可以查询快件派送的结果。

二、移交无法派送的快件

无法派送的快件是指由于收件人地址不详细、客户拒收、客户不在、客户搬迁、逾期不领、海关不准进出口等原因，快递员最终无法派送到客户手中的快件。快递员应会同派送网点处理人员对各业务种类的投递派送单、妥投详情单及未妥投快件的件数、签收规格进行审核及交接。

1. 无法派送快件移交基本流程

无法派送快件移交基本流程如图 3-38 所示，具体要求见表 3-3。

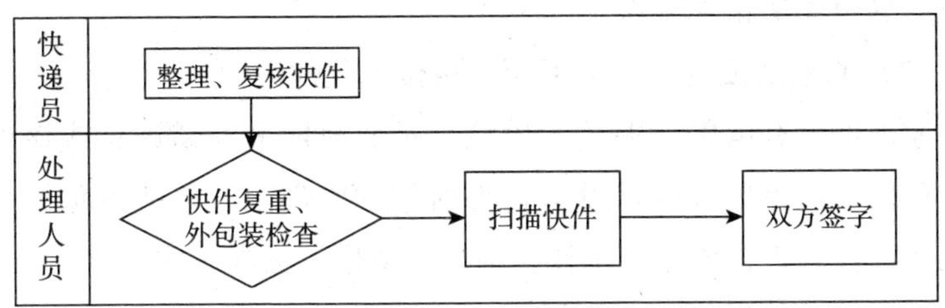

图 3-38　无法派送快件移交基本流程

表 3-3　　无法派送快件移交要求

流程	要求
整理、复核快件	快递员将无法派送的快件带回处理场地 （1）清点运单数量和无法派送成功的快件数量，复核两数相加的总数是否与派件清单上的总数相符。如果数量不符，则将运单号码与派件清单上登记的运单号码进行核对，查找丢失的运单或快件 （2）检查无法派送快件的外包装是否完好无损。如果外包装破损，在交接时须在派件清单上注明 （3）将投递签收详情单按频次、快件种类整理，并再次查看签收、批注是否合格
快件复重、外包装检查	（1）对快递员交回的无法派送的快件进行重新称重，如果快件重量与运单上相符，则属于无误 （2）如果快件重量与运单上的重量有明显的差距，则与快递员当面确认重新称重的重量 （3）检查外包装是否破损，或有无物品露出，交由主管领导处理
扫描快件	（1）处理人员核实快递员在派件清单上的批注是否完整、规范、属实 （2）处理人员对快递员交回的无法派送快件，使用移动扫描设备进行运单号码扫描，如实登记无法派送的相关信息，并按相关规定进行处理
双方签字	快递员与处理人员在派件清单上签字确认无法派送快件的交接信息，即交接完成

2. 快件无法派送的原因

（1）地址书写不详或错误

快件运单上的收件人地址未详尽写明、写全，存在遗漏、错误情况，导致无法正常派送。

（2）原地址没有运单上书写的单位或收件人

原地址没有运单上书写的单位，疑似地址书写错误；或该地址有此单位，但该单位内部没有快件所指的收件人，包括该单位从无此人或收件人曾在该单位工作，但现已离职，去向不明。

（3）客户迁移，新址不明

快件运单上书写地址准确，且收件人原居此处，但现已迁移。如果知其所迁地址（收件人已提前在快递企业登记、经原址他户告知、通过电话查询得知收件人新址、客户在原址明示迁移新址），均不能作为无法派送快件处理。

（4）客户公司注销无人收件

快件运单上原书写地址单位客观主体消失（曾经存在，并非更名等情况），且不属兼并、撤并或临时机构行政终止等，均可以视为已撤销且无合法代收单位。

（5）客户拒收或拒付

非快递企业责任，客户拒绝接收快件或者拒绝支付应付的费用，造成快件无法派送，按客户拒收或拒付的无法派送快件处理。

（6）自取件逾期不领

网点自取快件超过快递企业规定的保管期限，按规定催领仍无人领取。

（7）其他原因

除以上原因以外导致无法派送的快件。例如，运单脱落的快件。

3. 快件无法派送的批注方法

快件无法派送的批注采用“十字”标记批注法，如图 3-39 所示。

当快件无法正常派送时，快递员需要将快件无法派送的代码、原因、派送时间、快递员姓名在快件上进行“十字”标记批注，如图 3-40 所示。

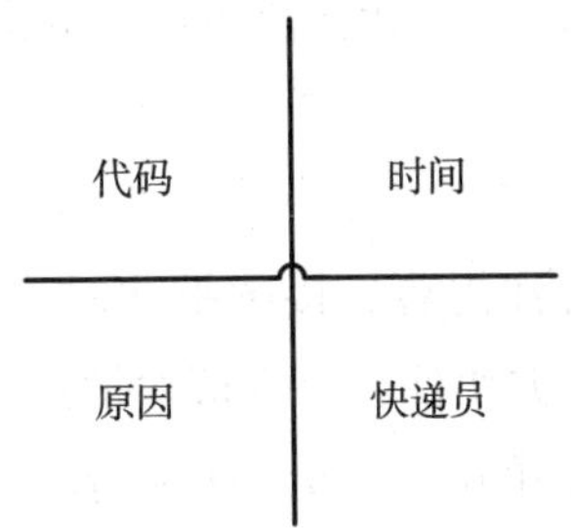

图 3-39　“十字”标记批注法

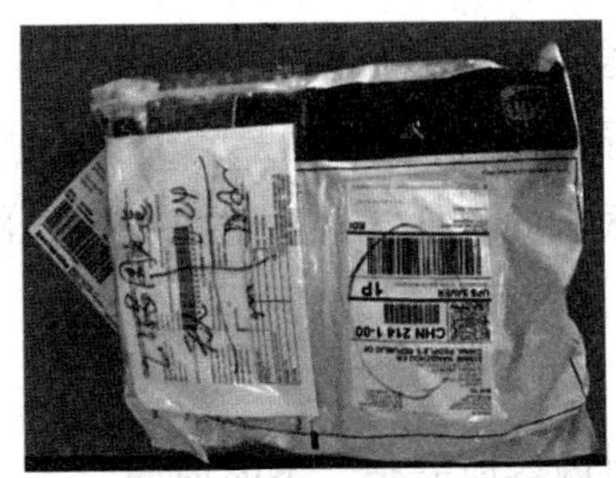

图 3-40　“十字”标记批注法实例

采用“十字”标记批注法便于操作人员识别，一目了然。批注时有以下要求。

（1）清晰

一是批注无法派送原因的字迹要清晰可辨，不得潦草，不能使用简化字或自造字，同时要注意修正错别字；二是派送时间以及批注人员签字要清晰。

（2）明确

批注原因的表述不得含混、似是而非，批注内容要注重唯一性，不能使客户费解或导致歧义。例如，电话联系客户无人接听，且通过规定派送频次上门派送但客户不在的，应批注“多次上门派送无人在家，电话联系无人接听”，同时还要注明每次上门派送的时间。

如果只写“电话无人接听”，就会使客户产生快递员只是打了电话并没有上门派送的误解。

（3）连贯

如果快件上已有批注内容，接续批注时，要看清上一班次批注的原因。例如，一票再派快件，上一班次批注“收件人外出”，而本班次批注的是“查无此单位”，遇到这种情况时，要及时予以纠正，确保快件无法派送原因的一致性和连贯性。

（4）时效

快件第一次派送不成功，批注时一定要准确填写第一次派送的时间，否则就可能导致快件的延误投诉。因客户搬迁或收件人地址错误等被确认无法派送的快件，批注时也一定要准确填写派送时间，避免延误投诉。

（5）完整

填写相关选项时内容应完整，不能遗漏。

（6）牢固

如果用专业处理单进行批注，在粘贴处理单时，要先将处理单抚平，然后再用手压一下。如果处理单不牢固则容易脱落，影响对快件状态的查询。

三、移交到付款和其他代收款

快递员需将当班收取的到付款、代收款、代缴关税等应收款与财务人员当日结清，以保证企业资金正常流转。款项交接流程如下。

1. 整理收款资料

快递员整理当班派送快件的收款资料（如派送路单，或快递员自己抄写的到付款、代收款明细表）。

2. 清点资金

清点当班收取的资金，包括现金、支票及 POS 机收款票据。

3. 资金核对

将收取的资金与收款资料进行核对，检查有无漏收款项。

4. 领取交款清单

向财务人员领取本人当班收取的到付款、代收款、代缴关税等快件交款清单。

5. 核对交款清单

将交款清单应收款项逐一与快件收款资料进行核对，如果有差异，则应及时查清原因，进一步跟进处理。

6. 交款签字

按交款清单移交资金。在移交支票时，须在交款清单中登记支票号码。款项移交后，核验无差错，交接双方在交款清单上签字。财务人员向快递员开具收款票据，证明已接收款项。

第4单元 客户服务

模块1 客户开发

一、快递客户的分类和特点

快递客户是指快递企业提供产品和服务的对象，是企业赖以生存和发展的基础，是快递企业的最大资产和利润来源，更是快递企业服务工作的中心。

1. 快递客户的分类

（1）按照客户性质可以分为个人客户、电商客户和企业客户。

1）个人客户是快递行业最主要的客户群体。通常寄送的为个人物品，如网购商品、文件资料等。个人客户对快递服务的要求主要包括价格合理、速度快、准时送达以及安全可靠等。

2）电商客户是快递行业的另一个重要客户群体。随着电子商务的兴起和发展，电商客户的快递需求大幅增长。电商客户一般指电商平台上的卖家，需要将产品从仓库发往买家的收货地址。电商客户的订单数量较大，但每个订单的物品相对较小，对快递服务的要求是高效、准确和稳定。快递公司需要为电商客户提供物流配送和仓储管理的解决方案，以提高物品的发货速度和运输准确性。电商客户倾向于选择覆盖全国、价格合理且能够提供良好服务的快递公司作为合作伙伴。

3）企业客户主要包括大型企事业单位和跨境电商企业。

①大型企事业单位通常有大量的文件、物品需要运送，对快递服务的快捷、安全和专业有很高的要求。快递公司可以通过建立长期合作关系，提供个性化的物流解决方案以及优质的客户服务，以满足客户需求。

②跨境电商企业需要将商品从境外运送到国内，或者将国内商品运送到境外。对快递服务的要求较高，包括海关通关及时、安全可靠、全球覆盖等。快递公司可以根据客户需求为跨境电商企业提供一站式的跨境物流解决方案。

（2）按照客户与企业的关系可以分为非客户、潜在客户、目标客户、现实客户、流失客户。

1）非客户。这部分群体对快递业务没有任何需求，不能为企业提供任何价值，企业不必为此类客户花费任何精力。

2）潜在客户。这部分客户暂时没有快递服务需求，但随着企业规模扩大和业务开展，会逐渐产生快递服务需求。快递企业应根据自身特点向潜在客户进行宣传，这样，当客户有了快递服务需求后便会成为快递企业的客户。

3）目标客户。快递企业掌握客户资料后，从中筛选能为企业创造价值的目标客户，通过电话、信函、拜访等方式宣传企业，进一步了解客户需求，尽力将这类客户变成现实客户。对于目标客户，企业要给予高度关心，准确掌握客户资料，制定合适的营销方案，有目标地进行访问，针对不同客户需求提供不同的产品和服务。快递企业可以从试发货开始，提供及时的路线跟踪，让客户感受到超值服务，通过一次次顺利的发货经历逐步将客户培养成长期客户。

4）现实客户。现实客户是客户管理中的重点内容，目的就是将重复购买产品和服务的人群转化为忠实客户。

5）流失客户。对于企业来说，开发一位新客户的成本是保持老客户的数倍。流失一位长期客户，不仅是失去了这部分客户本身，损失了利润，还失去了发展新客户的机会。对流失客户的管理一般体现在两个方面：一是让客户感受到企业的关心，缓解客户不满情绪，阻止客户散布有关企业的负面评价；二是了解客户流失的原因，及时改进，避免流失更多客户。

（3）按照客户价值可以分为高端客户、大客户和普通客户。

1）高端客户和大客户是企业客户管理的重点。企业应提供高质量、高效率的快递服务，建立详细的客户管理系统，不断迎合客户需求、开发新业务，并积极维持与此类客户的关系。

2）普通客户，即中小客户和散户。通过高质量的快递服务培养其忠诚度，并利用数量优势进行口碑营销，从而吸引更多客户使用企业的产品和服务。

2. 快递客户的特点

（1）注重快递企业品牌

品牌是一种名称、术语、标记、符号、图案或它们的组合。统计表明，80%的快递客户在使用快递服务时会根据快递企业的知名度选择相应品牌，客户会利用品牌区分不同快递企业的产品和服务。

（2）注重快递服务的时效性

《快递服务》（YZ/T 0128）规定，同城快递服务时限不超过 24 h，国内异地快递服务时限不超过 72 h。特殊快递客户对时限的要求会更高。快递服务须按照承诺的时限将文件或包裹送达，它连接着收件和寄件两端的客户，不管是收件的客户，还是寄件的客户，都非常注重快递服务的时效性。

（3）注重快递服务的安全性

客户在选择快递服务时，需要提供许多信息，如地址、电话、所寄文件或包裹的性质等，快递企业要对这些信息保密，这就要求快递企业客服人员要恪守职责，保守秘密，规范服务，保证客户交寄的物品在寄递过程中保持完好。

（4）希望享受便捷的快递服务

快递客户要求能便捷地将文件或包裹等物品通过快递企业快速传递到收件人手中，快递企业应在设置服务场所、安排营业时间、提供上门服务等方面满足客户需求。

（5）在选择快递服务时具有首轮效应心理

首轮效应也称为第一印象作用或先入为主效应，是指个体在社会认知过程中，“第一印象”所获得的信息会对个体以后的认知产生深远的影响。一旦客户初次选择某快递企业并享受了优质服务后，一定会对该企业产生较好的印象，往往就会对该企业“情有独钟”，从而长期选择其提供的服务。反之，如果客户接受的是较差的快递服务，就可能心存芥蒂，甚至会将这种感受告知其他人。

二、快递服务沟通技巧

不管做什么行业，都要学会和客户沟通。跟客户沟通应该具备一定的沟通能力和技巧，如倾听、观察、提问、解释以及交谈等方面的技巧。

1.“望”——听的技巧

听的技巧包括专心地倾听和适时地确认。在与客户电话联系或面对面交流时，一定要专心而认真地倾听客户的讲话，要带有目的地听，从中发掘客户有意或无意流露出来的对销售有利的信息。

在倾听的过程中适时插问，一方面表达了对客户的尊重和重视，另一方面有助于正确理解客户所要表达的意思，确保掌握信息的正确性和准确性，以达到良好的沟通效果。

2.“闻”——观察的技巧

观察的技巧贯穿于与客户沟通的整个过程，尤其是需要与客户建立良好关系时。在与客户沟通的过程中，客户的眼神、表情、一个不经意的动作等都是其心理状况的反映，一定要善于观察，并适时地给予回应。同样，客户周围的环境，如办公室布局和陈列风格，也在一定程度上反映了该客户的行为模式，为如何与之建立长期关系提供了重要的信息。

3. “问”——提问的技巧

在获取一些基本信息后，可以了解客户的需要、顾虑以及影响他做出决定的因素。

在沟通气氛不是很自然的情况下，可以问一些一般性的问题或客户感兴趣的问题，暂时缓解紧张气氛，使双方轻松起来。在时机成熟时可以问一些引导性的问题，渐渐步入正题，激发客户对产品的兴趣，引起客户的迫切需求。例如，如果及时购买该产品，可以解决什么问题，这就是引导性提问最终要达到的效果。如果需要从客户处得到一个结论性的答复，可以问一些结论性的问题，以锁定该销售过程的成果。

在与客户沟通的过程中，要与客户的思维进度保持基本一致，不可操之过急，否则很容易造成客户反感；也不应错失良机，在该提出合作要求时，又因担心遭到拒绝而贻误机会。

4. “切”——解释的技巧

解释在推荐和结束阶段尤为重要。在推荐阶段，为了说服客户购买自己公司的产品、服务等而做出解释和陈述，以达到订购目的。销售接近尾声时，会涉及许多实质性问题，双方为了各自的利益会产生分歧，这就给双方达成最终协议乃至签单造成障碍，这些障碍需要通过及时、合理地磋商和解释来化解。

解释的内容不能太杂，只需包括为了达到解释目的所需的内容即可。解释要简明、逻辑性强。当需要解释细节时，该展开的一定要展开，该简洁的一定要简洁，尤其是在向客户推荐快递产品时，不能吞吞吐吐。

另外，与客户交谈时表情要自然，态度和气亲切，表达得体，可以适当做些手势，但动作不要过大，更不要手舞足蹈。交谈时，一般不要涉及疾病、死亡等话题；客户若为女性，一般不要询问其年龄、婚姻状况；不直接询问履历、工资收入、家庭财产、衣饰价格等私人问题。提及对方比较反感的问题时应表示歉意。

三、快递产品知识

快递产品主要是指面向用户推出的各种快递服务。按照快递服务对象分为特快专递和一般快递。按照快递服务种类分为标准快递服务、时效快递服务、特殊物品快递服务、跨境快递服务、代收货款快递服务等。

快递服务除了提供国内快递服务，还提供同城配送、国际快递服务等。

1. 国内快递服务

国内快递业务是指从收寄到投递的全过程均发生在中华人民共和国境内的快递业务。

2. 同城配送

同城配送被称为“最后一公里物流”，也被称为城市“轻物流”、本地派送。

3. 国际快递服务

国际快递服务是指寄件人和收件人分别在中华人民共和国和其他国家或地区的快递服务。

四、快递业务推介

1. 业务推介的概念

业务推介是指快递员在收派快件过程中主动向客户介绍快递产

品的行为。进一步地说，业务推介是指快递员在与客户交流的过程中，根据客户反映的需求，结合本快递企业产品所能给客户带来的利益，以利益要点匹配客户需求，向客户详细介绍某个快递产品如何满足客户需求以及带来利益的沟通过程。

2. 业务推介的特点

（1）推介信息双向性

推介人员在推介过程中不仅要向客户传递有关的快递产品信息，还要了解客户的需求，听取客户对推介产品的意见和建议，完成信息的双向传递。

（2）推介过程完整性

业务推介一般从寻找客户开始，到接触洽谈、说服诱导、达成合作。从接受快件到快件信息查询、将快件安全送到收件客户手中等一系列跟踪服务，构成了一个完整的业务推介过程。

（3）推介活动灵活性

推介人员在与客户面对面的接触中，可以随时根据客户的不同反应，有针对性地调整推介策略，解答客户疑问，灵活处理各种问题，满足客户的需求。

3. 业务推介的方式

（1）发放宣传资料

宣传资料包括名片、宣传单、价格表等。发放宣传资料是目前快递领域使用最广泛的业务推介方式，但是这种推介方式成功的概率正在逐步降低。主要原因是客户在选择快递服务时，会综合考虑时效性、安全性、便利性、价格、品牌、快递企业的服务范围、双方合作方式及熟悉度、快递员的服务态度、服务的灵活性等因素，而一张名片或宣传单并不能为客户提供以上必要的参考信息。虽然这些信息与客户是否选择快递服务有直接的关联，但事实上只有极少数的客户会自发、主动地获取这些信息，所以，发放宣传资料的推介方式实质上依旧是“被动地等待客户上门”。

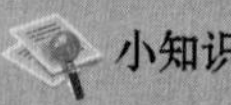

小知识

客户拜访名片使用小知识

1. 递名片的正确方法

使名片上自己的名字朝向对方，在离客户较近距离时双手递上；递名片时要面带微笑，不能慢慢吞吞，要干脆利落。

保存名片时，不宜将名片放在裤子的后口袋里，不宜和其他人的名片混放，以免递错，造成尴尬的局面。

2. 接名片的正确方法

双手接过，一定要浏览一遍，如果有认不准确的字，应当面请教，然后以慎重的态度收好；不可以将对方的名片随意揉折，更不能随便放置在桌上。例如，随意地将茶杯等物品放在名片上是不礼貌的行为。

(2) 主动询问客户需求

与发放宣传资料的业务推介方式相比，主动询问客户需求更能体现以客户满意为导向的工作思维和工作方式，更具有针对性。随着客户的个性化需求越来越多，采取主动询问客户需求的方式比较容易把握客户的具体需求。从市场看，谁能把握住客户的个性化需求并予以满足，谁就更容易获得客户。

(3) 利用客户向客户进行业务推介

利用客户向客户进行业务推介的前提条件是通过持续、稳定的优质服务在老客户中树立良好的口碑，好的口碑是最有说服力且不需要花钱的广告。只有凭借始终如一的优质服务在客户中树立口碑，才能使客户乐意地向他人推荐快递企业的相关产品或服务。

4. 业务推介要素

(1) 业务推介主体

企业的快递产品进入市场，需要依靠推介主体，推介活动最基本的特征在于推介人员主动说服客户并满足客户的需求。推介人员的素质及推介手段、推介方法、推介技巧，决定了推介效率的高低。

（2）业务推介客体

推介客体的条件对推介活动有重要影响，主要包含两个方面：一方面，推介客体必须满足客户的需求；另一方面，推介客体本身是分层次的，零散客户与大客户的需求有所不同，价值高的快件与普通快件也有区别，推介人员要了解客户的真实需求。

（3）业务推介对象

推介人员在推介过程中必须研究推介对象的需求，只有满足推介对象的需求，推介业务才能获得成功。但是也应该注意推介人员的服务水平、与客户的融洽关系，会影响推介是否成功。例如，一家快递企业的快递员长期负责一个区域的收派业务，业绩很好，后来企业的主管出于某种考虑，将其调换到另一个区域开拓市场，另派一名快递员负责该区域业务，结果遇到了很多问题，客户很快选择了其他快递企业。在产品、客户都没有变化的情况下，由于前一个快递员在与客户的长期交往中已建立了良好的感情基础，而后一名快递员则缺乏这个基础，因此导致了客户的流失。

5. 有效的业务推介

（1）引起客户的好感

只有给人留下良好的第一印象，才能开始第二步。只有客户对推介人员产生好感，才会信任其所说的话。所以，业务推介的第一个目标是通过良好的自我形象把自己推介出去。

（2）引起客户的兴趣

推介人员需要牢记，快递产品本身的特征不是客户关注的焦点，客户真正关心的是使用某项快递产品能够得到什么样的利益，也就是产品所能带来的价值。实践证明，在回答客户关于产品的咨询时，只有准确把握客户需求点，然后按照“产品特征→产品作用→产品益处”的顺序介绍产品，才能更有效地打动客户。

1）产品特征，即一种产品所具有的明确特征，这也是一个产品最容易让客户相信的一点。

2）产品作用，即产品的这种特征会给客户带来哪些直接作用。

3）产品益处，即产品的作用会给客户带来哪些潜在的好处或利益。

6. 业务推介人员素质

业务推介人员是快递企业开拓市场的先锋，是企业形象的代表，必须具备较好的基本素质。

（1）兢兢业业的敬业精神

业务推介是一项非常辛苦的工作，业务推介人员每天四处奔波，拜访客户，宣传企业，推介产品，生活没有规律，时常面对难以想象的困难。业务推介时可能面对各种各样的客户，工作效果缺乏确定性。对业务推介人员来说，每一位客户、每一项业务都意味着一次挑战，有时还会因为特殊原因受到客户的误解。因此，快递业务推介人员必须具有兢兢业业的敬业精神、认真负责的工作态度。

（2）充满自信

业务推介人员一是要相信自己推介的产品，二是必须相信自己代表的快递企业，三是要相信自己的能力。一名业务推介人员对所推介的快递产品缺乏信心，对所代表的企业缺乏信任是非常危险的，而缺乏自信则是最致命的。

（3）知识面要宽广

业务推介人员经常与各种各样的客户打交道，需要有宽阔的知识面，这在一定程度上决定了业务推介人员的推介能力。所以，业务推介人员要善于学习，只有掌握更多的知识，才能在业务推介时游刃有余。

1）产品知识。业务推介人员要掌握推介服务产品的派送时效、服务时间、服务范围、服务保证、服务定价、托寄物标准，以及本企业与其他快递企业服务产品的差异等。

2）企业知识。业务推介人员应熟知本快递企业的发展历史，在快递行业中所处的地位，了解企业的营运能力、服务产品种类、网络覆盖范围、运输分拣设备状况，以及企业的发展战略、服务项目、增值服务等。

3）用户知识。业务推介人员首先要了解客户选择服务产品决策权的情况，其次要了解客户使用服务产品的习惯以及对价格、时效的要求，最后要分析客户需求的变化情况。

4）市场知识。市场知识是业务推介人员应了解的最基本的知识。业务推介人员不仅应熟悉现有客户使用服务产品的规律，还要了解潜在客户的情况，包括客户对自己推介服务产品的评价、同类服务产品的市场占有情况、服务产品在不同地区及不同季节的服务价格等。

5）社会知识。业务推介人员要了解业务推介区域的经济、地理知识和社会风土人情，掌握区域的交通运输状况，各民族的风俗习惯、宗教信仰等。

（4）具有团队合作意识

团队合作是一种为达到既定目标所显现出来的自愿合作和协同努力的精神，它可以调动团队成员的所有资源和才智。随着知识经济的到来，各种新知识、新技术层出不穷，社会需求也越来越多样化。单凭个体的能力，已经无法应对错综复杂的社会环境，也很难高效地处理各种问题。团队合作已越来越受到企业员工的青睐，更成为当今快递企业发展的潮流与趋势。对于团队而言，成员之间的友好相处和相互协作至关重要。

（5）良好的职业道德

快递业务推介人员每天都要与各种各样的客户打交道，一言一行都关系到企业形象，而且由于经常接触金钱和客户的物品，更需要有良好的道德品质和正确的推介思想。

1）严格遵守并执行国家的法律、法规、有关政策，正确处理国家、集体、个人三者的利益关系。

2）要维护企业和客户的利益，不利用工作之便做有损客户、企业的事情。

3）对待客户热情、谦和，对不同层次的客户要一视同仁，平等相待；与竞争对手要公平竞争，不以贬低对方来抬高自己。

4）对推介的快递服务产品要实事求是，对客户提出的要求以真诚的态度积极想办法解决，对做出的服务承诺要给予兑现。

5）要保护客户的隐私和权益，不允许将客户的个人信息泄露给他人，否则将会受到法律的制裁。

7. 业务推介人员职责

（1）寻找市场机会

寻找市场机会是快递业务推介人员的首要职责。在激烈的市场竞争中，业务推介人员要善于寻找进入市场的机会。

1）寻找并确定目标市场。

2）分析目标市场的业务量或市场占有率。

3）了解目标市场服务产品的需求特征。

4）为企业决策者提供更多的信息。

（2）开拓市场

1）掌握快递企业服务产品的种类和推介政策。

2）拜访客户，开展服务产品推介洽谈工作。

3）做好客户信息的收集工作。

8. 业务推介注意事项

（1）“三做到”

1）保持积极的心态。每一次的业务推介都有可能被客户拒之门外，甚至受到冷嘲热讽。然而不管多么艰难，都应保持微笑，用积极的心态面对。客户只愿意同心态积极的业务推介人员打交道，坚定不移的信心会使客户对双方的合作信心倍增。

2）保持工作中的良好行为。良好行为是指在日常实际的收派工作中要时刻注意礼貌。礼貌体现着尊重，自然会赢得客户的好感，进而将这种好感转变成信任。例如，在客户门外先整理一下仪容；辞别客户时，将椅子放回原地或者顺手将用过的一次性纸杯扔到垃圾桶里。这些行为看似简单，却往往能给客户带来好感，收到意想不到的效果。

3）展现专业的服务水平。对专业知识表现出充分的自信是进行有效业务推介的前提和保障。作为一名业务推介人员，应注重日常工作中的学习，熟悉各种快递产品的特征、属性以及能够给客户带来的益处，要对产品保持十足的信心。否则，在进行业务推介时，客户会因为业务推介人员回答得不熟练或者一问三不知而认为其不了解产品，进而认为其不熟悉业务，产生不可靠、不安全、不放心的印象。这种印象会大大降低客户的信任度，甚至完全消除客户的购买欲望。

（2）“两不做”

1）夸大产品功能。业务推介人员的服务质量向客户传递多重信息，包括业务推介人员个人的职业化程度、快递企业的经营理念以及整个快递企业的形象。所以，业务推介人员务必要规避夸大产品功能的行为，夸大产品功能本质上是一种不负责任的表现，违背了最基本的商业伦理道德规范要求。

对于一家追求长远发展的快递企业来说，任何一个客户都是最有价值的资产，从第一次接触到以后的每次联系都要善待客户、珍惜客户，处处为客户着想。业务推介人员起着连接快递企业与客户的桥梁作用，要懂得商业行为的基本原则是诚信，开展业务推介活动应以诚信为本，这样收获到的不仅仅是客户本身，还可以促进快递企业和快递市场有序、健康地发展，改变外界对快递服务业的不良看法。

2）诋毁竞争对手。从事快递经营活动的企业应当依法经营，诚实守信，公平竞争，为客户提供迅速、准确、安全、方便的快递服务。业务推介人员在进行业务推介时，不能刻意向客户阐述其他快递企业的问题，损坏竞争对手的声誉。通过贬低竞争对手而抬高自己的做法恰恰显示了对自己的企业缺乏信心，结果是让外界产生“没有一家快递企业是好的”这样一种不良印象，这显然不利于快递市场建立正常的秩序。

只有市场大、环境好，快递企业才能蓬勃、持续地发展。快递企业彼此之间竞争的应该是谁能够更快、更多地了解客户，并更快地将其转化为行动，让自己成为客户的最终选择。事实证明，通过不正当手段参与竞争的快递企业是无法长久经营下去的。

模块 2　客户维护

客户维护是指通过持续满足客户的需求，及时、妥善解决双方合作过程中出现的各类问题，从而与客户建立长期稳定的伙伴关系。快递企业要发展与壮大，不但要坚持不懈地搜寻、发展新客户，而且要不断培养与现有客户的关系，做好客户维护工作。

一、客户维护的作用

1. 使企业的竞争优势长久

成功的企业把留住老客户作为企业发展的头等大事之一。留住老客户对企业效益的贡献比只注重市场占有率和发展规模的贡献要大得多。如果能够和客户保持互惠互利的长期合作关系，不断提高客户的满意度，相当一部分现有客户非常愿意继续使用企业的产品和服务。

注重老客户的稳定和积累是企业持续发展的保证。没有建立在积累基础上的发展是不健康的、难以持久的。

2. 使成本大幅度降低

发展一位新客户的投入是巩固一位老客户的数倍。因此，确保老客户再次使用本企业的快递产品和服务，是降低推介成本和节省时间的有效方法。

3. 有利于发展新客户

对于一个有快递消费需求的客户来说，亲友、同事、邻居或其他人亲身经历后的推荐，往往比企业或业务推介人员的介绍更为可信。留住老客户会促进新客户的发展。

二、客户维护的方法

1. 拜访

拜访的主要目的是让客户感觉被关心，同时向客户表明快递企业会对产品负责。拜访时要把握两个要点：第一，尽可能使拜访行为更自然一些，防止热情过度而使客户觉得只是有意讨好；第二，不要干扰客户的正常工作和生活。

2. 书信、电话联络

书信、电话作为联络工具，在日常生活和工作中都被广泛使用。例如，当有新资料需要送给客户时，可以附上便签邮寄给客户；当客户个人、家庭或工作上有喜事时，可以致函示意，如邮寄各种贺卡，使客户感到贴心和喜悦。另外，打电话也是一种很好的与客户联络的方式，偶尔几句简短的问候会使客户心情愉悦，但要注意语言得体、适当。

3. 妥善处理客户异议

业务推介人员经常会收到客户的抱怨，对于这些抱怨，一旦处理不当，就会引致不满和纠纷。其实，从另一个角度看，客户抱怨不代表客户不愿意和快递企业继续合作，反而提供了产品情报，所以，不仅没有理由逃避，还要满怀感激之情进行妥善处理。

在处理客户投诉时，要站在客户角度找出问题所在，并以最快的速度满足客户需求，努力恢复客户对产品服务的信赖。

三、客户信息的来源

1. 直接渠道

(1) 在市场调查中获取客户信息

市场调查与分析是快递企业市场营销活动的逻辑起点。快递企业的职能就是提供某种快递服务以满足客户的需求，同时实现自身的经营目标。快递企业可以通过面谈、问卷调查、电话调查等方法得到第一手客户资料。

(2) 在服务过程中获取客户信息

对快递客户的服务过程是企业深入了解客户、联系客户、采集客户数据的最佳时机，服务过程中可以详细了解并掌握客户的名称、地址、联系方式、收发快件的时间、寄递物品的特性和时限要求等信息。

服务过程中，客户通常能够直接并且毫无避讳地讲述自己对快递服务的看法和期望、对服务的评价和要求、对竞争对手的认识等，其信息量之大、准确性之高是在其他条件下难以实现的。

此外，快递企业可以通过快递信息系统记录客户在使用快递服务过程中的各种数据，以获取客户信息。例如，使用快递服务的时间、使用快递服务的频率、快递服务价值等。

(3) 通过博览会、展销会、洽谈会等获取客户信息

国际、国内每年都有不少博览会、展销会、洽谈会，对于快递

企业来说，这是宣传企业品牌、寻找客户、联络客户的好机会，同时也可以迅速、集中地收集客户的信息。

(4) 通过网站和呼叫中心收集客户信息

快递企业一般都会建立自己的网站和客户服务中心，客户可以通过网站或客户服务中心咨询业务、发出寄件订单、跟踪查询快件、对服务提出建议或投诉。客户在通过这两种方式与快递企业进行业务商洽与沟通交流时，会留下大量有价值的信息。

(5) 在营销活动中获取客户信息

企业在各种营销活动中，如广告、业务往来函电、商务谈判、客户联谊会、客户俱乐部等活动中获取、收集客户信息。

例如，广告发布后，潜在客户或者目标客户如果与快递企业取得联系或者剪下优惠券寄回等，快递企业就可以将他们的信息添加到客户数据库中。与客户的业务往来函电，包括快递业务咨询、快递价格的商谈、快递服务协议的达成、合同执行、争议处理等，可以反映客户的品质、作风和能力，也可以反映客户关注的问题以及对快递服务的需求等。因此，往来函电可以帮助企业获取客户信息，是采集客户信息的极好来源。

在与客户谈判时，客户的经营作风、经营能力以及对本企业的态度都会有所体现。谈判过程中往往还会涉及客户的资本、信用、目前的经营状况等资料，所以谈判也是采集客户信息的绝佳机会。

快递企业可以通过开展各种会员活动，举办客户联谊会、创建客户俱乐部，与客户直接进行面对面的沟通和交流，以获取客户信息。

2. 间接渠道

(1) 各种媒介

广播、电视、报纸、杂志等现代媒体和信息工具非常发达，快递企业应注意从这些媒介中获取有价值的客户信息。

(2) 政府主管部门

市场监督管理部门一般掌握客户的注册情况、资金情况、经营范围、经营历史等，是可靠的信息来源。在国家邮政局和各省、市、自治区邮政管理局的官方网站上有消费者申诉及申诉处理反馈等信息，快递企业可以通过这些网站获取客户满意度的相关指标以及竞争对手的相关客户信息。

(3) 国内外金融机构及其分支机构

一般来说，客户均与各种金融机构有业务往来，通过金融机构调查客户信息（尤其是资金状况）是比较准确的。

(4) 国内外咨询公司及市场研究公司

国内外咨询公司及市场研究公司具有业务范围广、速度快、信息准确的优势，可以充分利用这个渠道对指定的快递客户进行全面调查，从而获取客户的相关信息。

(5) 客户投诉

客户投诉是每一个快递企业都有可能遇到的问题，它是客户对快递企业管理和服务不满的表达方式，也是企业有价值的信息来源。因此，如何利用客户投诉处理赢得客户的信任，将客户对企业的不满转化为客户满意，锁定他们对企业服务和产品的忠诚度，获得竞争优势，已成为快递企业营销实践的重要内容之一。

四、客户信息的采集

1. 采集原则

客户开发与维护所需的信息既来自外部，又来自内部。内部信息的获取主要是一线员工在执行工作过程中反馈的信息。快递员能够比其他岗位的人员更直接、更迅速地了解客户的心声，如果没有来自快递员及时反馈的准确信息，快递企业将会失去获取客户或者挽留客户的第一时间或最佳机会。

为了更好地进行客户维护，采集客户信息时需要遵循以下原则。

（1）真实性原则

决策是根据各种信息做出的，如果输入的信息资料不准确，就极可能做出完全相反的选择。所以，客户信息采集的首要原则就是要保证信息的真实性、客观性，这决定了后续开展客户开发与维护工作的效果。

（2）及时性原则

信息是讲究时效性的，失去时效的信息是无用的信息，所以必须根据客户信息的变化及时对客户资料进行更新。

（3）完整性原则

除了要了解客户收发快件的情况外，还要尽可能全面了解该客户的资料。全面了解客户，有助于有的放矢地进行客户开发与维护。齐全的客户资料也是快递企业进行客户关系管理的基础。

2. 采集要求

（1）客户基本信息采集

1）客户信息采集的主要途径。客户信息采集的途径较多，通过日常的客户拜访、签收的运单、收派件时对客户的观察、电话调查等都可以获取客户信息。

2）新增客户信息的采集。对于新增客户，其信息的采集应该包括以下内容。

①所属行业，如服装业、家电业、批发零售业、机械制造业、通信/IT 业、保险业、金融业、医药业、化工业、物流业、网上贸易等。

②企业性质，包括国有企业、民营企业、外资企业等。

③企业员工人数，包括集团公司的员工人数及子公司的员工人数。

④组织覆盖区域，是指该公司的网络架构，包括国家级集中型、

跨省分散型（网络型）、省级、市级、县级。

⑤经营状况，是指该公司的经营状况是否良好。

⑥公司信用，是指该公司和外部公司之间的诚信关系。

客户信息采集表见表 4–1。

表 4–1　　　　客户信息采集表

<table>
<tr><td rowspan="8">客户基本资料</td><td rowspan="2">公司名称</td><td rowspan="2" colspan="2"></td><td rowspan="2">公司规模</td><td rowspan="2" colspan="2"></td><td>电话</td><td></td></tr>
<tr><td>传真</td><td></td></tr>
<tr><td>公司地址</td><td colspan="7"></td></tr>
<tr><td>所属行业</td><td colspan="7">□服装业　□家电业　□批发零售业　□机械制造业　□通信/IT 业　□保险业　□金融业　□医药业　□化工业　□物流业　□网上贸易　□其他</td></tr>
<tr><td>企业性质</td><td colspan="7">□国有　□民营　□外资　□其他</td></tr>
<tr><td>快递类型</td><td colspan="7">□即日件　□次日件　□隔日件　□省内件　□省外件　□国际件　□港澳台件</td></tr>
<tr><td>快递物品</td><td colspan="5">□样品　□成品　□宣传资料　□票据　□其他</td><td>旺季时段</td><td></td></tr>
<tr><td>付款诚信</td><td colspan="5">□及时　□拖延　□为难　□赊欠尾款</td><td>淡季时段</td><td></td></tr>
<tr><td colspan="9">客户资料</td></tr>
<tr><td>序号</td><td>姓名</td><td>职位</td><td>性别</td><td>手机</td><td>生日</td><td>籍贯</td><td>性格</td><td>爱好</td></tr>
<tr><td>1</td><td></td><td></td><td></td><td></td><td></td><td></td><td></td><td></td></tr>
<tr><td>2</td><td></td><td></td><td></td><td></td><td></td><td></td><td></td><td></td></tr>
<tr><td>3</td><td></td><td></td><td></td><td></td><td></td><td></td><td></td><td></td></tr>
</table>

3）客户名址变更信息的采集。客户要进行搬迁时，一般都会以书面或口头形式知会商业上的合作伙伴，这时快递员在经过核实后，需要将客户搬迁的新地址及时反馈至相关部门或人员。对个别诚信度不佳或者不清楚要迁往何处的客户，当其表现出搬迁的迹象时，要予以密切跟踪关注，并及时结清快递费用，以避免造成坏账，给企业带来损失。

（2）个性化收派需求信息采集

只有与客户保持经常性的交流，牢记客户反馈的信息，才能对客户越来越了解。重视客户个性化的想法和需要，并对客户的要求与投诉做出积极的反应是非常重要的。动作太慢，让客户等太久，客户不能及时拿到快件或者不能找到要找的人，自然会不满意。另外，掌握了客户个性化的需求信息，有助于快递员合理安排时间、路线，有效配置运单、包装材料等资源，避免浪费。

客户个性化需求信息收集主要包括以下内容。

1）了解客户选择快递企业标准的主导因素，如价格、时效性、安全性等。

2）了解客户的业务量、所寄快件的重量范围、每月的快递费用等。

3）了解客户的习惯发件时间、包装要求、发件的主要目的地等。

（3）个性化收派需求信息反馈

客户信息采集完成后，需要通过一定的渠道反馈至快递企业。需要特别注意的是，信息反馈也要遵循及时性的原则。对于中小客户，可以根据客户的信息自行制订开发或维护计划；对于大客户，可以向快递企业提出合理化的客户开发或维护建议，由快递企业派专人负责后续工作。

培训建议

一、培训目标

通过培训，培训对象可以在各快递公司的快递员岗位从事快件收寄、派送、客户服务等工作。

1. 理论知识培训目标

（1）了解快递员应具备的职业道德和工作职责。

（2）熟记快递员应掌握的快递地理、安全、信息、设备等知识。

（3）熟知快递相关法律、法规。

（4）掌握快件收派常用的工具和材料。

（5）熟悉各类包装材料和禁限寄物品分类。

（6）熟悉客户分类方法和沟通技巧。

（7）掌握客户信息采集的原则和方法。

2. 操作技能培训目标

（1）熟练完成收件前的准备工作。

（2）熟悉快件的验视、包装工作，掌握快件计费方式。

（3）熟悉快件交接程序。

（4）熟悉快件派送需要准备的工具和材料。

（5）掌握派送路线设计的原则和方法。

（6）熟练掌握快件派送流程和派送后处理流程。

（7）熟练运用业务推介的方法。

二、培训课时安排

总课时数：96 课时

理论知识课时：52 课时

操作技能课时：44 课时

具体培训课时分配见下表。

培训课时分配表

培训内容	理论知识课时	操作技能课时	总课时	培训建议
第 1 单元　岗位认知	**8**		**8**	**重点：**职业道德的基本要求；职业守则的主要内容 **难点：**如何按照快递员的基本素质要求自己 **建议：**职业道德的基本要求结合实例讲解为佳，运用启发式和讨论式教学
模块 1　职业道德基本知识	1		1	
模块 2　快递服务概述	1		1	
模块 3　地理知识	1		1	
模块 4　安全知识	1		1	
模块 5　快递信息知识	1		1	
模块 6　快递设备知识	2		2	
模块 7　快递相关法律、法规	1		1	
第 2 单元　快件收寄	**18**	**22**	**40**	**重点：**快件收寄流程；运单填写；快件查询、更址、撤回和赔偿；快件包装原则 **难点：**针对不同种类、不同规格快件，包装材料的选择及打包方式；快件计费方式 **建议：**先由教师示范规范性操作，学员可两人一组，互相练习、评议
模块 1　收寄前准备	2	2	4	
模块 2　收寄指导	4	6	10	
模块 3　收寄验视	4	2	6	
模块 4　快件包装与计费	7	12	19	
模块 5　收寄后处理	1		1	

续表

<table>
<tr><th>培训内容</th><th>理论知识课时</th><th>操作技能课时</th><th>总课时</th><th>培训建议</th></tr>
<tr><td>第 3 单元　快件派送</td><td>20</td><td>20</td><td>40</td><td rowspan="4">重点：派件工具准备；快件交接和排序；派送路线设计原则；快件派送流程；代收款；指导客户正确签收快件；移交无法派送的快件
难点：快件交接注意事项；针对不同规格的快件，选择捆扎材料和方法；派送路线的设计；指导客户正确签收快件的技巧
建议：采用任务驱动和情景模拟的方式展开学习</td></tr>
<tr><td>模块 1　快件派送准备</td><td>8</td><td>8</td><td>16</td></tr>
<tr><td>模块 2　快件派送服务</td><td>8</td><td>8</td><td>16</td></tr>
<tr><td>模块 3　快件派送后处理</td><td>4</td><td>4</td><td>8</td></tr>
<tr><td>第 4 单元　客户服务</td><td>6</td><td>2</td><td>8</td><td rowspan="3">重点：快递客户分类和服务沟通技巧；快递业务推介要素；客户维护方法；客户信息来源和采集方式
难点：针对不同客户采用不同的服务沟通技巧；向客户推介快递企业业务
建议：采用任务驱动的方式展开学习</td></tr>
<tr><td>模块 1　客户开发</td><td>3</td><td>1</td><td>4</td></tr>
<tr><td>模块 2　客户维护</td><td>3</td><td>1</td><td>4</td></tr>
<tr><td>合计</td><td>52</td><td>44</td><td>96</td><td></td></tr>
</table>